LA FACE CACHÉE DES FANTÔMES DES DESCENDANTS DE LA SHOAH

Marie-Laure Balas-Aubignat

LA FACE CACHÉE DES FANTÔMES DES DESCENDANTS DE LA SHOAH

Préface du docteur Boris Cyrulnik

5-7, rue de l'École-Polytechnique ; 75005 Paris

http://www.librairieharmattan.com
diffusion.harmattan@wanadoo.fr
harmattan1@wanadoo.fr

ISBN : 978-2-296-54715-5
EAN : 9782296547155

Remerciements

Je tiens à remercier très chaleureusement les descendants de parents déportés ou d'enfants cachés ayant accepté de participer à mon étude, sans qui ce livre n'aurait pu voir le jour.

J'adresse ma profonde gratitude au docteur Boris Cyrulnik. Je le remercie vivement de son soutien chaleureux, de la richesse de son langage, de son œuvre précieuse en sciences humaines apportée dans les universités françaises.

Je remercie de même vivement le docteur Charles Melman (l'ALI, Association Lacanienne Internationale), mais aussi le docteur Françoise Gorog, le docteur Colette Soler, le docteur François Eldin de Pécoulas (Association CORA, Collectif de Recherche Analytique à l'hôpital Sainte-Anne), le professeur Marie-Rose Moro (l'AIEP, Association Internationale d'Ethnopsychanalyse à l'hôpital Cochin/Maison de Solenn), l'université Paris XIII, Claude Burgelin (professeur à l'université Lyon II), et le docteur Marc Spund.

À mes parents,

À mes enfants, Flore et Baptiste,

À Pierre, pour sa patiente contribution
à la réalisation de cet ouvrage.

Préface

« ... *L'âme de l'enfant que nous fûmes et l'âme des morts dont nous sommes sortis, viennent nous jeter à poignée, leur richesse et leur mauvais sort...* » écrivait Marcel Proust dans *La Prisonnière.*

Les victoires de nos parents font partie de notre histoire. Nous nous développons dans le bien-être que nous apporte leur richesse, nous nous épanouissons dans les récits qui racontent leur réussite et les échecs momentanés dont ils sont sortis grandis. Ils nous enveloppent dans leurs bras sécurisants et dans les récits de leur bonne fortune.

Alors, se demande Marie-Laure Aubignat, que se passe-t-il quand les parents ont été traumatisés ? Nous enveloppent-ils dans leurs bras endoloris et nous racontent-ils des récits d'horreur ? Qu'ils soient heureux ou blessés, pourraient-ils rien nous transmettre ?

Quand la mémoire familiale est racontée, c'est presque un mythe qu'elle transmet. Il ne s'agit pas, pour les parents de faire revenir le passé afin de l'offrir aux enfants, il s'agit d'en faire une représentation qui leur servira d'identité : « Voilà comment on est, nous, dans notre famille. Voilà de qui tu viens, ce qu'ont subi tes ancêtres et ce qu'ils ont surmonté. Sois fier d'eux, sois fier d'où tu viens ! »

Le passé sacralise l'événement. J'ai connu des gens qui étaient fiers d'avoir pour ancêtre un voleur célèbre, alors qu'ils seraient morts de honte s'il s'était agi de leur père. C'est ainsi que la mémoire fabrique les mythes dont on a besoin pour vivre ensemble.

Est-il possible pour un survivant d'Auschwitz de fabriquer du mythe alors que son trauma n'est pas encore résolu, que tout lui rappelle la destruction et que l'horreur revient la nuit dans ses cauchemars ?

Quand on ne peut pas transmettre à ceux qu'on aime un récit paisible, un fantôme passe lors des silences et des étrangetés. Il évoque une mort sans sépulture, impossible à représenter : un tas. Peut-on faire ça à ses enfants ? Alors on se tait, on détourne l'attention, on dit qu'on ne se rappelle pas, que c'est fini tout ça, que la vie continue. N'en croyez rien. Quand un fantôme est perçu par l'enfant, un indice qui évoque la mort, un objet curieux qui symbolise on ne sait quoi, un déraillement de la voix qui révèle un trouble, le petit ne peut pas s'empêcher de penser qu'il y a une énigme dans cette étrangeté. Mais rien n'est clair avec les fantômes, ils indiquent on ne sait quoi : un meurtre ? Une honte ? Une angoisse ?, parfois même un plaisir qui invite aujourd'hui beaucoup d'enfants de survivants à la recherche généalogique.

Le parent blessé est devenu une base d'insécurité : on se sent mal au contact de celui qu'on aime. Le sentiment d'appartenance est impossible quand on ignore l'histoire de celui qui se tait. On est près de lui, sans un mot, angoissé par le murmure de ses fantômes.

Le corps de l'enfant du blessé est lui aussi porteur de fantômes. Quand le trauma parental n'a pas pu déclencher un processus de résilience, personne ne comprend la colère du père provoquée par une revendication légitime de l'enfant, personne ne voit que la mère, blessée par son passé, éprouve comme un abandon le petit flirt de sa fille adolescente.

Un enfant sécurisé apprend à bavarder simplement et se met ainsi en disposition relationnelle de découvrir un jour le trauma de ses parents. Mais les enfants insécurisés par le malheur que leurs parents ne parviennent pas à liquider, ni même à mettre en mots, ne perçoivent que les fantômes qui indiquent le lieu de la mort. Il est difficile de parler sans s'affecter mutuellement par la gaieté ou la consolation. Mais quand le malheur fait encore souffrir et quand le milieu ne propose pas de lieu de parole, les parents se taisent pour moins souffrir et, croyant ainsi protéger ceux qu'ils aiment, ils les mettent en disposition de n'entendre que le murmure des fantômes.

L'enfant, privé d'un récit cohérent de ses origines, ignore d'où il vient, quels sont les rites et les valeurs de sa famille. Il ne peut ni s'adapter, ni répondre de manière cohérente à une vague information, un murmure, un indice, un objet mystérieux qui évoque on ne sait quoi, un fantôme certainement.

Un trouble relationnel s'installe sans mot dire entre deux partenaires d'un attachement réel, mais jamais éclairé par des mots.

Marie-Laure Aubignat parle de « Trésor noir ». Quand le trauma devient un nouvel organisateur du Moi et de la relation, on s'aime et pourtant, c'est le noir du non-dit qui assombrit l'appartenance. « J'appartiens à je ne sais quoi, j'aurais aimé avoir une histoire afin de savoir d'où je viens, ce que je vaux et ce que je veux » pourraient dire ces enfants de traumatisés. Les autres, mes amis, mes copains de classe, parlent de leur Auvergne natale, de la pauvreté et de la gaieté du village de leur enfance où même les tragédies sont racontées en riant. L'enfant du blessé, lui, n'a rien à dire.

C'est au moment où le père meurt que l'enfant pense : « si vous saviez à quel point je regrette de ne lui avoir jamais posé de questions ! » C'est pourquoi Marie-Laure Aubignat donne la parole à ces silencieux blessés par la blessure de ceux qu'ils aiment. Elle se fait la porte-parole de ces gens qui ont un roman dans leur mémoire et n'avaient jusqu'alors pas eu l'occasion de le dire.

Ces histoires sont touchantes, terribles et passionnantes… comme les fantômes.

Boris Cyrulnik

Introduction

A quoi bon attendre ? Et attendre quoi ?
Tout un monde et son cortège de mots dorment depuis des années pour une population particulière et nombreuse, aujourd'hui.

C'est à partir d'une réalité, notre histoire récente, celle de la dernière guerre mondiale, que cet ouvrage a pu se construire. Ce monde, j'ai tenté par des études universitaires de le mettre en mots, afin de donner une issue, trouver une porte de sortie.

Je m'adresse en particulier, tout au long de cet ouvrage de témoignages oraux mais aussi écrits, aux générations confrontées à des parents qui, pourtant aimants, bien souvent, n'ont cependant pu (re)trouver les mots adéquats du langage commun pour s'adresser à leurs enfants, à des enfants : Les générations nées après la Deuxième Guerre mondiale ayant été éduquées/confrontées à un parent revenu de déportation, ou à un parent ayant été enfant caché, bien que les silences laissés par ces deux formes d'héritage soient très différents.

Comment s'expriment aujourd'hui les populations actuelles nées de survivants à un tel traumatisme ?
A partir de cette réalité précise, quelques personnes sont interviewées.

Ce travail de rédaction, très longtemps en gestation, est rendu possible par la demande extérieure de collègues et amis, et aujourd'hui par un désir personnel de mettre en mots certains éléments de mon histoire ainsi que celle d'autres descendants de la Shoah : « *Comment dire à l'extérieur, ce que nos parents ne peuvent formuler de leur traumatisme, mais murmurent pourtant, à leur insu ?* »

Plusieurs auteurs universitaires, en sciences humaines, ont développé la question de la transmission de traumatisme, mais les plus nombreux sont aux Etats-Unis et en Israël.

Je réponds par ailleurs, à la demande d'un journaliste d'une émission de radio m'ayant invitée, à deux reprises, à présenter mes mémoires universitaires[1].

Vers quels destins psychiques se dirigent les sujets de la présente étude, confrontés au passé historique, le plus souvent silencieux, de la Shoah ? Comment perçoivent-ils leurs parents et grands-parents aujourd'hui ? Tel est l'objet de ce recueil de témoignages.

C'est peu de temps après la naissance de mon deuxième enfant que j'ai eu le désir d'aller rencontrer des personnes ayant connu le même type de parcours familial, afin de mieux comprendre individuellement et tenter d'exprimer collectivement, par ces rencontres, les mots lourds, enfouis, les mots que l'on avait choisi d'étouffer de notre héritage intime. Afin que mon témoignage individuel rejoigne un groupe, pouvant partager un langage socialement acceptable, j'ai choisi le moment de mes années universitaires, reprises tardivement, comme de nombreux descendants de survivants. Car il était temps, en effet, d'aller explorer nos ressentis, confrontés à l'extrême souffrance et la violence du monde étrange de nos familles sombres, semblant garder comme un trésor noir le poids apparemment irracontable de l'histoire transmise. On sait aujourd'hui que de nombreux rescapés des camps avaient tenté de murmurer à leur environnement quelques anecdotes, au retour des camps. Ils se sont sentis confrontés, en réponse, à des oreilles qui ne voulaient pas entendre, à de véritables murs. Rappelons que Primo Levi[2], écrivain survivant d'Auschwitz, ainsi que d'autres déportés, en avaient fait le cauchemar, anticipant ainsi le second traumatisme, celui du retour, de ne pouvoir raconter l'enfer subi, ne pouvoir être écouté, ne pouvoir être entendu, y compris par la plus proche famille.

---

[1] Bochurberg Claude. Emission *Mémoire et Vigilance* Radio J. (94.8).

[2] Primo Levi (1976, p.90) « C'est une jouissance intense, physique, inexprimable que d'être chez moi, entouré de personnes amies, et d'avoir tant de choses à raconter. Mais c'est peine perdue. Je m'aperçois que les auditeurs ne me suivent pas. Ils sont même complètement indifférents. Ils parlent confusément d'autre chose entre eux, comme si je n'étais pas là. Ma sœur me regarde, se lève, et s'en va sans un mot. Alors, une désolation totale m'envahit, comme certains désespoirs enfouis dans la petite enfance, que ne tempèrent ni le sentiment de la réalité ni l'intrusion de circonstances extérieures, la douleur des enfants qui pleurent ».

Helen Epstein[3],une journaliste américaine traduite récemment en France, a brillamment analysé l'adaptation des enfants aux effets du traumatisme de leur(s) parent(s) survivant(s) constatant, d'après ses nombreuses interviews, une constante référence à un passé commun. Tous les sujets interrogés se vivent, en effet, comme le réceptacle fragile et unique des traumatismes parentaux. L'auteur perçoit une plainte récurrente des vécus familiaux, accompagnée d'une étouffante sensation d'avoir à porter « quelque chose » qui ne leur appartient pas. Elle a rencontré des dizaines d'enfants de rescapés et publie leurs témoignages. Confrontée, à l'âge de vingt-neuf ans à son propre traumatisme transmis, elle décide d'aller regarder cette souffrance en face, entamant un recueil de témoignages d'individus nés d'une histoire similaire à la sienne.

Les traces psychiques irracontables sont, en effet, décrites par la seconde génération comme étant un héritage silencieux et pesant[4].

---

[3] Helen Epstein (2004 p.90) « Parfois les survivants étaient un poids financier pour leurs proches. Plus généralement étaient considérés avec ambivalence, avec un respect mêlé de soupçon. Les gens se demandaient comment ils avaient survécu. On spéculait les divers possibilités : Collaboration avec les nazis, conduite déloyale ou prostitution. Certaines personnes posaient ces questions directement tandis que d'autres le faisaient en silence. D'une façon ou d'une autre, cela ne favorisait pas la confiance. Les survivants eux-mêmes ne prenaient pas, pour la plupart, l'initiative d'établir un contact étroit avec d'autres personnes que des réfugiés. Ils ne voulaient pas qu'on les ressente comme un poids. »

[4] Nadine Fresco (1981) parle de « l'emprise du silence » dans les familles de survivants. Elle condense ses impressions personnelles, de huit témoignages d'enfants de survivants de la seconde génération. « Le silence paraissait être, pour ces parents, à la démesure de l'horreur qui avait anéanti certains des leurs, tandis qu'eux-mêmes en étaient réchappés. Horreur qui interdisait qu'on parlât des morts, mais aussi de rien d'autre que des morts. Comme si la vie même avait été confisquée par ces disparitions. Deuil impossible, blessures de mémoire de parents figés dans le silence, derrière leurs yeux secs. Aux enfants à qui la mémoire était refusée, on transmettait seulement la blessure. Ils ont grandi dans le vide compact d'une parole impossible. Si on avait à transmettre une telle horreur à un enfant, je ne sais pas comment on le ferait, avec quel cœur et quelle langue. C'est quelque chose qu'on ne partage avec personne, peut-être avec son enfant, mais en cachette, sans le lui dire. La justification était suffisamment crédible : épargner aux petits le récit de souffrances qu'ils n'avaient pas connues et dont on voulait à tout prix les préserver. Et les enfants s'étaient coulés dans le moule de cet interdit, sidérés par le silence, incapables de le transgresser, de demander ailleurs la réponse aux questions qu'ils n'osaient pas poser à leurs parents ».

Marianne Rubinstein[5], fille d'un rescapé de la Shoah, a, de même, recueilli une quinzaine de témoignages de fils et filles d'orphelins juifs de la Seconde Guerre mondiale.

Par ailleurs, une grande étude a été menée par Yoram Mouchenik[6], docteur en anthropologie et psychologue, ayant rencontré une association d'anciens enfants cachés survivants, le plus souvent orphelins de la Shoah, du fait du meurtre d'une partie de leur parenté. Une association fondée pour la mémoire de ces parents déportés, par un même convoi, parti de France pour Auschwitz en 1942, se crée. Yoram Mouchenik a suivi ce groupe, se positionnant non pas comme un psychologue, mais davantage comme un « adhérent chercheur », pendant une période de quatre ans. Il a recueilli le témoignage de quinze anciens enfants cachés.

Dans la même lignée, très récemment, Marion Feldman[7], docteur en psychologie, a fait connaître l'histoire et le destin des enfants juifs cachés en France.
Marion Feldman[8] décrit la situation singulière des enfants cachés et condense leurs particularismes. Elle nomme « métamorphose » l'obligation des enfants cachés à avoir dû transformer leur propre identité originelle pour devenir « quelqu'un d'autre », à savoir, avoir dû être contraints à se fondre dans le monde non-juif pour ne plus exister comme « être juif », ayant du traverser de multiples univers au sein desquels ils se sont construits. La métamorphose de ces enfants réside dans le fait de devenir « étrangers à eux-mêmes », dit-elle, ainsi que le fait de devenir des « êtres

---

5 Rubinstein M. (2002) *Tout le monde n'a pas la chance d'être orphelin*. Ed. Verticales.

6 Mouchenik, Y. (2006) *Ce n'est qu'un nom sur une liste, mais c'est mon cimetière. Traumas, deuils et transmission chez les enfants juifs cachés en France pendant l'Occupation.* Collection Trauma – Ed. La pensée sauvage.

7 Feldman M. (2009) *Entre trauma et protection : quel devenir pour les enfants juifs cachés en France ? (1940 1944)*. Ed. Erès.

8 Feldman M. (2006) « Survie et destin psychique des enfants juifs cachés en France pendant la Deuxième Guerre mondiale », *L'Autre,* revue transculturelle 7.1. Ed. La pensée sauvage.

multiples » qu'elle définit, par l'exemple de l'un de ses sujets qui « *oubliera son nom pour ne se souvenir que de son numéro attribué en pension* », ou encore qui sera contraint de se plier à une nouvelle religion qui n'est pas la sienne. Parfois, les mauvais traitements ont dû conduire les enfants cachés au mutisme et par la suite à l'oubli de leur propre identité : celle d'être d'origine juive.
« *J'avais perdu la parole* », dira l'un des sujets interrogés.

Traversant des mondes et des peurs multiples qui participent à leur structuration ou leur « fabrication » (T. Nathan, 2001), l'enfant caché était contraint à se taire, parfois devant porter l'étoile jaune. Quel que soit leur parcours individuel, chacun a dû camoufler son identité et se plier aux exigences imposées, sous des menaces permanentes, par le seul fait d'être juif. L'impératif fixé était de renier leur origine et leur identité, « *se réinventer eux-mêmes* », dit-elle.

A la Libération, de même, biens immobiliers et objets n'ont pas été restitués, mais distribués et éparpillés, volés par le voisinage, ce qui signifiait et rappelait insidieusement, concrètement, la continuité du phénomène psychique de« métamorphose », opéré par la capture des biens des survivants, à leur retour. Toute trace ainsi effacée des enfants cachés et des survivants de camps de concentration participe à une « stratégie de déculturation », au dispositif traumatique délibérément induit par un tiers (Françoise Sironi, 2000). Ainsi, traumatismes et humiliations continuent d'agir dans la psyché des familles persécutées. De ce fait, il arrive que le lien parent/enfant soit perturbé, allant dans le sens d'une inversion de rôles qui peut perdurer après 1945, les parents ayant été démis de leur fonction, du fait de leur exclusion sociale et de leurs privations de tous ordres.

Marion Feldman conclut son article, affirmant que le « dispositif de survie » des enfants cachés continue d'agir dans leur psyché, aujourd'hui. En l'identifiant, elle décèle les répercussions psychologiques des traumatismes des enfants cachés. Elle se pose enfin la question des modalités d'une transmission de leur traumatisme : les enfants d'enfants cachés vivent-ils les mêmes injonctions paradoxales, à savoir oublier le fait d'être Juifs, s'isoler, se séparer de leur monde d'origine, garder secrète leur origine et s'affilier ailleurs, sont-ils contraints aussi à cette métamorphose ?

De mon côté, quinze personnes, âgées de dix-huit à quarante-sept ans, ont accepté de me rencontrer et me confier des éléments personnels transmis de leur famille. Toutes sont d'origines extrêmement variées. Une majorité des sujets interrogés est d'origine juive, d'autres sont de familles laïques ou catholiques, communistes, résistants. Il m'a fallu d'abord les écouter, avant d'écrire quelques éléments de ma propre histoire qui, au fil du temps, ne cesse d'évoluer. Il en est de même pour les sujets interrogés de cet ouvrage. Le témoignage des descendants modifie les perceptions et représentations que je me forgeais. De plus en plus, l'histoire devient réelle, moins fantasmatique, moins lourde, de ce fait. Elle peut commencer à s'ouvrir au grand jour, et ne plus rester tue comme un cancer imaginaire, honteux : un cancer que l'on n'a pas.

Aujourd'hui, soixante-cinq ans plus tard, la chose partagée devient plus compacte : elle commence à être écoutée et cela semble en alléger les effets. Tous ces témoignages retranscrits sont vrais. Alicia a souhaité travailler le sien de façon un peu différente des autres, désirant m'accorder, plutôt qu'un entretien comme les autres interviewés, quelques écrits.

Le présent ouvrage a comme objectif de laisser s'exprimer la voix d'enfants d'aujourd'hui, voix qui n'a pu advenir encore, du fait de l'histoire récente de leur(s) parent(s) revenu(s) de la Shoah, une histoire à laquelle les mots manquent, en écho au silence, en résonance au mystère sombre de leur(s) parent(s) traumatisé(s).

Le but de ce recueil est de laisser émerger, de façon spécifique, ce lien particulier et unique que chacun a pu construire avec l'histoire tragique de son ou ses parents, et ce, quelle que soit son origine, du moment que ce parent ait traversé l'enfer de la Shoah, soit par le fait traumatique d'avoir été déporté survivant, soit par celui d'avoir été un enfant caché.
Tel est le point commun de chaque sujet s'exprimant ici.

Bien que je me sois située, au cours de cette étude, dans une position de co-chercheur, j'ai, par ailleurs, associé certains concepts psychanalytiques assez connus, autour de l'enregistrement des personnes s'étant exprimées ici, afin que le lecteur puisse se pencher au plus près de leur écoute, les entendre et saisir au mieux leurs particularités dévoilées : leur manière de penser, parler ou de choisir de se taire parfois.

Chasser les fantômes

> *« Je marche en frissonnant parmi ces fantômes, essayant de ne pas les toucher ; malgré moi, pourtant, je me heurte à eux. On dirait qu'eux mêmes ne cherchent pas à m'éviter, qu'ils veulent, au contraire, me voir de près ; ils souhaitent que quelqu'un s'occupe d'eux peut-être ».*[9]

Mettre des mots sur cette face cachée de nous-mêmes est une tâche un peu particulière : ces mots que l'on rejette le jour parce qu'ils dérangent tout autant nous-mêmes que le monde extérieur, afin de se faire admettre par notre environnement quotidien, ces mots ont un pouvoir caché bien étrange : ils semblent les plus grands attracteurs de notre monde intime.

Cette chose précise que l'on va décrire ici est un exercice qu'il a fallu aller chercher loin, je disais, par de gros travaux de recherche, après de longues années de travail. A la fois l'on aimerait s'en rapprocher, se représenter plus distinctement ces mots et ces choses[10] peu attirants que l'on n'a pas choisis. Pourtant, on fait l'inverse : on préfère les camoufler, probablement par manque de courage, les laisser en friche. Plus encore, on les isole, dans des cryptes sombres et profondes, afin de les enfermer à jamais. Mais on le sait pourtant : ils sont là, sous ces pierres froides, prêts à ressurgir dès que nous lâcherons leur garde, tenaces eux aussi, ces fantômes terrifiants que l'on a apprivoisés à notre insu, les tolérant, malgré leur abominable laideur, dans notre monde intime, mais sous la condition de rester silencieux.

---

[9] Snyders J.C. (2003) *Voyage de l'enfance.* Puf. p.49.

[10] Laplanche J. et Pontalis J.B. (1967), *Vocabulaire de la psychanalyse* : Freud avait distingué deux types de représentations : « représentation de chose, représentation de mot » : celle visuelle qui dérive de *la chose* et celle essentiellement acoustique qui dérive du *mot.* La liaison de la représentation de *chose* à la représentation de *mot* correspondante caractérise le système *préconscient-conscient* à la différence du système *inconscient* qui ne comprend que des représentations de *choses.* C'est en associant à une image verbale que l'image mnésique peut acquérir « l'indice de qualité » spécifique de la *conscience.*
« La *représentation consciente* englobe la *représentation de chose* plus la *représentation de mot* correspondante, tandis que la représentation *inconsciente* est la *représentation de la chose* seulement ».

On peut le dire alors : les enfants de cet ouvrage deviennent « porteur d'un fantôme », image que la psychanalyse récente a donnée à cette forme de souffrance blanche et vide qui peut envahir la psyché de ceux qui ont été éduqués par un parent ayant traversé la *réalité* de la Shoah.

Comment définir les fantômes ?

Le concept de « fantôme »[11] a été défini par les célèbres psychanalystes « de la crypte » Abraham et Torok (1987), comme « un processus inconscient, résultant du passage de l'inconscient d'un parent à celui de l'enfant ». Sa fonction est différente de celle du refoulé dynamique classique de tout un chacun, où tout conflit se manifeste sous une allure déguisée, symbolique, se présentant sous forme de symptômes, d'actes manqués, ou de lapsus. Cette forme de souffrance se manifeste par son retour compulsif, périodique, d'un objet obsédant. Elle s'oppose à l'introjection libidinale, c'est-à-dire l'appréhension des mots en tant qu'ils impliquent leur part d'inconscient.

Alors, au fil des générations, « le travail du fantôme poursuit dans le silence son œuvre de déliaison, et son apparition traduit les effets, sur le descendant, de ce qui avait eu, pour le parent, valeur de blessure, voire de catastrophe narcissique » Abraham et Torok (1987).

On peut on se demander comment s'opère alors la transmission du parent à son enfant, dans cette forme de lien chargé d'un vaste trauma-

[11] Tisseron, S. (2004). « Le fantôme résulte des effets sur l'inconscient du sujet de la crypte d'un autre, c'est-à-dire son secret inavouable de la génération précédente. L'enfant est alors conduit à symboliser par rapport à un autre, présent en lui sous la forme d'un objet psychique interne, aux dépens de sa vie pulsionnelle propre. Les fantômes concernent l'histoire indicible restée tue, non traduite en mots, non symbolisée. L'histoire continue d'agir, dans l'actuel présent, sur les faits et gestes des descendants, prenant souvent le contre-pied de leur propre désir ».

La notion de fantôme est une formation de l'inconscient qui a pour particularité de n'avoir jamais été consciente, qui s'est installée non du fait d'un refoulement propre au sujet, mais du fait *d'une empathie directe du contenu inconscient ou renié d'un objet parental.* C'est-à-dire qu'il s'agit là d'une formation qui n'a *pas été,* en tant que tel le *produit de l'auto-création* du sujet par le *jeu des refoulements et introjections.* L'événement qui remonte à la génération précédente et qui est à l'origine de cette configuration psychique n'est plus, pour cette génération, *indicible,* il devient, pour l'enfant, *innommable,* c'est-à-dire qu'il ne peut faire l'objet d'*aucune représentation verbale.* Son *contenu* est *ignoré* et son *existence seule est pressentie*, interrogée, de façon parfois *obsédante.* Les récits que peuvent élaborer les descendants sont distincts des *romans familiaux* décrits par Freud même si leurs contenus y ressemblent : en effet, l'enfant tente, à travers ces récits, *de symboliser par rapport à un autre*, non pas par rapport à lui-même.

tisme. Les sujets de cet ouvrage répondent, en quelque sorte, à ce point précis.

Cette lacune de mots des parents traumatisés semble transformer la structure des descendants. La transmission psychique transgénérationnelle concerne les objets irreprésentables, les imagos, autrement dit le négatif de l'héritage sous forme de secrets, de non-dits.
Comment, en effet, mettre en mots l'innommable ?

Aller ouvrir ces cryptes[12] est le but de ce recueil, afin de tenter d'établir une passerelle entre elles et nous, une aire de transition entre ce « quelque chose et moi », ce « quelque chose et nous », puisque nous formons maintenant un groupe Un tel évènement auquel nous n'avons pourtant pas assisté nous a demandé, à tous, une énergie particulière, restée silencieuse longtemps, une énergie ayant empiété sur le reste de nos activités habituelles : nos vies affectives et/ou nos vies professionnelles, bien souvent.

Car tout enfant élevé par un parent porteur d'un traumatisme doit composer non pas avec une expérience traumatique personnelle, mais avec la partie fracassée du parent dont il dépend psychiquement.

Cet enfant, alors, met en place un clivage[13]lui aussi, hérité, qui ne concerne pas seulement une partie de son psychisme, comme son parent

---

[12] Selon Nicolas Abraham et Maria Torok (1967), *Vocabulaire de la psychanalyse* Puf « Une telle conjoncture aboutit à l'installation, au sein du Moi d'un lieu clos, une véritable *crypte,* un lieu défini : ce n'est ni l'inconscient dynamique, ni le Moi de l'introjection (c'est-à-dire le va-et-vient libre de la résonance intime des mots). Ce serait plutôt comme une enclave entre les deux, sorte d'Inconscient artificiel, logé au sein même du Moi. L'existence d'un tel caveau a pour effet d'obturer les parois semi-perméables de l'Inconscient dynamique. Rien ne doit filtrer vers le monde extérieur ».

[13] Le clivage décrit ici est le *clivage de l'objet* : « mécanisme décrit par M. Klein, considéré par elle comme la défense la plus primitive contre l'angoisse. L'objet, visé par les pulsions érotiques et destructives, le *bon* et le *mauvais* objet ont des destins relativement indépendants dans le jeu des introjections et des projections. Le clivage de l'objet est à l'œuvre dans la position paranoïde-skizoïde du nourrisson (de zéro à six mois) où il porte sur les objets partiels. A partir de six mois, lorsque l'objet mère devient total, séparé du sein, l'enfant se retrouve dans la position dépressive. Le clivage des objets s'accompagne d'un clivage corrélatif du moi en *bon moi et en mauvais moi*, le *moi* étant pour l'école kleinienne essentiellement constitué par *l'introjection des objets »*. Laplanche J. et Pontalis JB., (1967) *Vocabulaire de la psychanalyse* Puf.

traumatisé, mais l'ensemble de son psychisme. Le fonctionnement d'un enfant élevé au contact d'un parent habité d'une crypte est affecté d'un travail du fantôme au sein de son propre inconscient.

Le docteur Vivian Rakoff, dans une revue intitulée *Viewpoints* parue en 1966, avait repéré l'attitude étrange des enfants de parents traumatisés par les camps de concentration et avait déclaré :

> *« Les parents, qui sont en l'occurrence les victimes effectives, n'apparaissent pas d'emblée comme brisés. Sans une exploration approfondie de leurs difficultés et sans savoir qu'ils ont été en camps de concentration, on n'éprouverait pas de réflexe facile de pitié à l'égard de leur souffrance. Pourtant, leurs enfants, dont tous sont nés après le génocide, présentent une grave symptomatologie psychiatrique. On croirait plus aisément que ce sont eux, plutôt que leurs parents, qui ont enduré les atroces supplices de l'enfer »*[14].

Ces enfants de l'histoire silencieuse sont, en effet, tous vêtus d'une sorte de peau de chagrin qu'ils aimeraient pourtant quitter, troquer contre une peau plus douce, plus plaisante. Ils y ont tous pensé mais ne l'ont pu, tout au moins pour l'instant. Car c'est leur peau, celle-ci qui, peut-être, ils l'espèrent, après une longue mue, se transformera. Car ce serait mentir, en effet, trahir quelque chose de leurs origines, le fait de quitter trop vite la peau héritée, la leur pour l'instant, celle qui les relie à leurs parents, à l'Histoire, la grande Histoire du monde. Car avec elle seule comme membrane les réchauffant, et pourtant leur peau de chagrin, leur enveloppe corporelle aussi, ils ont pu construire récemment du sens autour d'un grand manque de mots hérités, manque de représentations de la période noire de l'histoire de France : la dernière guerre mondiale que l'on pourrait presque nommer l'« histoire sans mots ».

Parmi ces enfants, quelques-uns ont essayé de la quitter tôt, la peau chagrine, celle des vieux habits dont on avait hérité : les impatients de vivre. Mais elle est revenue, la garce, la peau des fantômes, leur rendre visite une fois de plus, leur donner des nouvelles, quelquefois fracassantes, des nouvelles les brisant parfois, les anéantissant. Alors, ils ont repris le chemin quitté trop tôt, le chemin qu'ils avaient refusé d'emprunter afin de ne pas les rencontrer, les affronter, les monstres intimes qui sommeillaient silencieusement. Ils ont été contraints de reprendre le travail qu'ils avaient laissé en friche, à l'image d'une personne venant de perdre un

---

14 Epstein H. (2004) *Le traumatisme en héritage* éd. La cause des livres.

être lui étant cher : une personne endeuillée. N'a-t-elle pas besoin, avant que la vie reprenne son sens, de passer par un temps parfois long, un temps de reconstruction intime, fait de solitude, de repli orienté vers le souvenir de la personne disparue, la conduisant aussi à un désinvestissement temporaire du monde environnant, avant de reprendre son pas d'avant, un pas un peu modifié ?

> *« Toute nouvelle tenue acquise trop tôt ne refléterait pas, aux yeux des autres, et cela se remarquerait et sauterait aux yeux même, cette part de toi-même transformée par ton travail intime, individuel et qui peut-être prendrait une forme collective, si tu faisais le choix de la laisser en friche, de ne pas t'en occuper, afin de tenter d'en annuler son existence ».*

Ainsi, en faisant le choix d'ouvrir les cryptes aujourd'hui, au lieu de continuer à nous diriger, sans que nous le souhaitions, ni même le sachions vers des fantômes parvenant souvent à conquérir et envahir notre espace psychique, se tenant toujours prêts à surgir afin de nous ramener vers notre défaite, nous avons fait le choix de nous diriger vers un chemin inverse et bien particulier, empruntant une voie toute nouvelle que peu de monde suivait.

> *« N'aurais-tu pas finalement, au plus profond de toi, aujourd'hui, envie de les apprivoiser, ces fantômes, essayer de trouver une langue parvenant davantage à lier l'amour et la haine, afin de leur répondre plus justement, afin d'avoir le choix de leur va-et-vient, leurs allées et venues en toi, pour pouvoir enfin, à ton tour, les convoquer quand toi-même tu le choisis, si tu penses réellement qu'ils font partie de ton monde intime, afin qu'ils cessent de te sauter à la gorge, lorsque eux-mêmes le décident ? »*

De ces premières questions, émergea notre entreprise commune : nous redresser de nos abattements lorsqu'ils nous envahissaient. Regagner notre désir, essayer de lui rendre une forme par la passerelle de mots adéquats, mettre un nom sur les ombres envahissantes camouflées, reflétant leurs figures monstrueuses. Le souffle de ces gnomes immondes que l'on tolérait jusque-là, sous notre garde, notre toit, par notre contrôle rigide aussi, nous demandait beaucoup d'énergie. Il nous épuisait même, bien souvent. Alors, on décida ce jour, ensemble, mon groupe et moi, de nous en dessaisir, de les repousser enfin, et à jamais.

Oui, on peut le dire, les enfants porteurs de tels fantômes sont parfois étranges. A leur arrivée, ils semblent répandre quelque chose de dérangeant, de pas tout-à-fait vivant, pas tout-à-fait mort. Car, à leur insu, leur temps est parfois occupé à chercher ce non-lieu dont ils ont été nourris silencieusement, souvent. Ils oscillent alors entre ce que recherche chacun, à savoir le chemin menant au plaisir et à la vie, mais tentent parallèlement, par de gros efforts souvent peu reconnus car non compris par l'entourage, de ne pas sombrer dans un anéantissement qui les menace dans une transmission subtile et silencieuse, au contact de leur(s) parent(s) survivant(s). Bien souvent, il leur est arrivé d'être appelés vers une forme de régression mélancolique les conduisant à la solitude, au repli sur soi, au désinvestissement, ou encore à des attitudes étranges et peu comprises car restées tues, sans mots pouvant expliquer ces étrangetés à leur univers intime familial et social.

Aujourd'hui, penser la Shoah

On a tous du mal, aujourd'hui, à véritablement penser la Shoah.

C'est pourquoi les travaux de mémoire qui se développent actuellement sont intéressants, pour les générations ayant eu un parent survivant. Ils peuvent aider à donner un sens, une signification à ces enfants ayant reçu en héritage des indices étranges liés au traumatisme de leurs parents, perçus sur les parents, ainsi que leurs propres indices ou attitudes émanant d'eux-mêmes, pouvant les étonner parfois.

Car l'insensé pèse parfois lourdement, en effet, sur les enfants du traumatisme auquel ils n'ont pas assisté, parfois sous forme d'une attente passive, une sorte de démission existentielle. Ils ne comprennent pas facilement, bien souvent, leurs propres malaises, mal-être, solitude, en réponse à l'Histoire récente de laquelle ils étaient absents.

Georges Perec[15], écrivain, orphelin de deux parents gazés à Auschwitz, un enfant caché aussi, décrit l'inappétence, le désir anesthésié et le désespoir blanc d' « un homme qui dort », son errance somnambulique dans la ville :

> « *Tu ne te sens plus comment dire ? Soutenu : quelque chose qui, te semblait-il t'a jusqu'alors réconforté, t'a tenu chaud au cœur, le sentiment de ton existence, de ton importance presque, l'impression d'adhérer, de baigner dans le monde, se met à te faire défaut* ».(p.22).

L'état ressenti par ces enfants, aujourd'hui adultes-porteurs de fantômes peut pourtant prendre une forme nouvelle, avec la rencontre de descendants de l'histoire, de leur même génération, par le partage possible d'images et de mots d'une œuvre commune : celle de traduire leurs propres représentations fantomatiques, donnant ainsi accès à une réalité passée et partagée aujourd'hui, avec les restes étranges d'une réalité ayant eu lieu, réalité où la vie côtoyait la mort. Ces entretiens peuvent être une façon de donner vie à l'énigme héritée du traumatisme familial.

[15] Perec, G. (1967) *Un homme qui dort* Folio Delanoël.

Parmi les victimes de la Seconde Guerre mondiale, certaines ont pu, par un choix aléatoire des SS, éviter les chambres à gaz. Certains de ces déportés résistants, juifs ou non, ont pu conserver un espace intime pour s'opposer secrètement, silencieusement, parvenant à résister à l'emprise de leur bourreau, conservant autant qu'il leur fût possible un espace intime pour penser. Ils ont pu survivre. J'ai rencontré leurs petits-enfants, une dizaine. De ce groupe-là, je fais partie. Ils ont accepté que je publie leur témoignage.

Les descendants de déportés survivants

Rébecca

Rébecca est la première personne que j'ai rencontrée, pour entamer mon travail de recherche universitaire. Elle était âgée de vingt ans, étudiante en architecture. Membre d'une association d'étudiants juifs, elle se préparait à effectuer un voyage à Auschwitz.

Je dois dire que c'est avec Rébecca que je me suis sentie, en tant que chercheur psychologue, au niveau de mon propre vécu, à la fois très proche, dans une grande similitude d'affects ou je pourrais dire encore, de « partage de traumatisme familial ». Rébecca m'a longuement décrit sa vive empathie pour l'histoire de sa famille et pour ses grands-parents, un lien riche sur lequel elle s'est construite.

D'emblée, Rébecca m'a présenté ses deux grands-parents déportés survivants revenant des camps, retrouvant leur fille cachée :

> *Ils ont été arrêtés par la police française, ils ont d'abord été à Fresnes, interrogés et envoyés à Auschwitz. Mon grand-père avait vingt ans, je crois et ma grand-mère dix neuf ans. Ils n'ont pas été envoyés en chambres à gaz parce qu'ils étaient jeunes. Mes grands-parents avaient une fille qu'ils avaient cachée à la campagne. Elle avait trois ans quand ils l'ont retrouvée, ma mère est née après (...) Ma grand-mère allait à l'hôtel Lutecia. Elle allait voir les listes des gens qui revenaient, et par hasard, un jour, mon grand-père était descendu dans le hall, ils se sont retrouvés comme ça, reconnus. Ils ont attendu six mois pour se retaper avant d'aller retrouver leur fille. Finalement, à trois ans des gens arrivent, l'emmènent avec eux, il a fallu qu'elle apprenne que c'étaient eux, ses parents (…) La sœur de ma mère est décédée, ma mère avait un an ou six mois.*

La sœur de sa mère, une jeune enfant cachée, fut retrouvée par ses parents, tous deux revenus d'Auschwitz. Rébecca est surprise, au cours de notre entretien et le souligne de n'avoir encore jamais appelé ou nommé la sœur de sa mère « *ma tante* », avant ce moment présent, comme si toute trace avait disparu en elle ou restait cachée.

> *Ma grand-mère et sa fille, c'était comme deux sœurs, elles sortaient ensemble, deux amies, deux meilleures amies. Mais sa scolarité ne marchait pas du tout en primaire mais à partir du collège, elle est devenue excellente,*

elle était au lycée Lamartine. Les profs se rappellent d'elle dix-sept ans après : elle a skié hors les pistes. Les gens qui l'ont vue lui ont dit de revenir, ne pas aller là-bas que c'était dangereux. C'est drôle, je n'ai jamais dit : « ma tante ! » En fait, elle ne voulait pas du tout aller là-bas. C'était une colonie avec des enfants comme elle, une colonie d'enfants juifs mais mon grand-père lui a dit : « il faut que tu partes découvrir, vas à la montagne avec des jeunes ! ». Je pense qu'ils l'ont inscrite mais elle ne voulait pas du tout y aller.

Rébecca décrit la cassure affective de ses grands-parents revenus de l'enfer d'Auschwitz, un premier traumatisme sur lequel s'est greffé par la suite, l'impossible deuil de leur fille aînée, leur enfant cachée qu'ils avaient pu retrouver. Elle commente ce double traumatisme et les conséquences sur sa mère, seconde fille du couple survivant : un nouvel investissement affectif parental semble être devenu impossible pour le couple de survivants.

Je pense que déjà en revenant des camps, il y avait leur fille, première fille qui était là. Je pense qu'ils lui avaient tout, tout, tout donné, tout apporté, parce que c'était pour elle qu'ils sont revenus. C'est vraiment en pensant à elle qu'ils ont réussi, je pense, à survivre, parce qu'ils avaient un but. Et je pense que quand elle est décédée, c'était fini totalement. Ma mère, elle a pâti de ça, parce que finalement, ils se sont dit : « mais ne t'attaches plus jamais à une personne ». Ils ont fini même par se détacher de leur fille, de leur propre fille. Je pense que ça a été ça le plus dur pour elle. Ils ont toujours été très très durs avec elle. Mes grands-parents ont pu investir dans leur fille récupérée mais ils n'ont pas pu aimer leur fille vivante.

Tout au long de notre entretien, Rébecca expliquera sa place particulière et peu définie dans la filiation, au sein de sa famille, une place active et pas toujours comprise par sa mère :

Je pense qu'elle ne comprend pas pourquoi en moi, j'ai ce privilège d'être… je ne sais même pas !

Elle décrit les réactions de sa mère, seconde fille du couple survivant, ainsi que les particularités de son type de lien d'attachement à elle :

Elle est une très très bonne mère, elle a essayé de faire tout le contraire que ce que ses parents lui avaient donné en fait, mais c'est vrai que parfois c'est difficile. C'est vraiment par rapport à ses parents : je pense que parfois elle a des remises en question énormes, de grands instants de déprime.

Dans sa famille, Rébecca aime à questionner beaucoup ses grands-parents et suppose que son propre développement affectif s'est construit ainsi :

> *La question que je leur ai posée la dernière fois, c'est : « comment ils ont pu continuer à vivre après la Shoah, après les camps de concentration et après leur fille ? » Mais je ne sais pas. En fait, ils m'ont expliqué que, quand ils sont revenus, ils ont tout de suite eu des choses à faire, déjà il y avait leur enfant, et il y avait la mère de mon père, de mon grand-père aussi qui étaient là dont il fallait s'occuper parce qu'ils étaient âgés. Donc, ils ont dû retravailler tout de suite et je pense qu'ils ont été repris dans le rythme et que finalement ils n'ont pas de recul et n'ont pas pu réfléchir sur ce qui s'était passé, ils n'ont jamais vu personne, ils ne sont jamais allés voir non plus de psychologue.*

Régulièrement, Rébecca a l'habitude d'aller rendre visite à ses grands-parents. Elle souligne que son comportement affectif et actif aussi étonne parfois sa mère qui lui pose de nombreuses questions. Tout compte fait, dans ce passage de notre entretien, la place de chacun au sein de la famille est questionnée : où est la place de la génération traumatisée, où est celle de leurs enfants, celle des petits-enfants ? Tout semble se confondre, s'entrecroiser. Qui s'occupe de qui ? Les membres de la famille semblent ne plus avoir de rang, comme dans une confusion temporelle et spatiale.

> *Au fond, je sais qu'elle n'aime pas du tout que moi je fasse cette démarche, que j'aille chez eux, que je leur pose des questions, même si je vais chez eux juste comme ça, juste pour les voir ou pour passer un moment avec eux. Je ne sais pas, on dirait que c'est une sorte de jalousie, c'est plus parce qu'elle se dit que moi, je m'occupe d'eux et qu'elle ne l'a pas fait. Oui, ou elle a l'impression que moi je pense qu'elle ne s'est pas occupée d'eux. Je ne sais pas, c'est quand même bizarre qu'elle n'aime pas que j'aille les voir ! A chaque fois que je rentre par exemple, elle me dit toujours : « mais pourquoi tu vas chez eux ? Tu as l'impression qu'on ne s'occupe pas d'eux ? »Alors que ça leur fait plaisir !*
>
> *En fait, elle ne s'entendait pas du tout avec mon grand-père.*

Un tel traumatisme de la filiation n'a pu être intégré que très difficilement par sa mère. Rébecca suppose que sa mère a dû rejeter le traumatisme.

> *Elle n'avait pas le choix, elle était obligée. Elle ne pouvait pas rentrer dans la survivance des camps et de la mémoire, et des trucs comme ça ! Elle ne s'en serait pas sortie. Donc, elle a fait le rejet complet de ça. Déjà, c'était la révolte permanente entre elle et mon grand-père, et ma grand-mère ne la soutenait pas du tout. Il y avait l'histoire de sa sœur qui était l'enfant rêvée, alors qu'elle était l'enfant détestée. Je pense qu'elle s'est protégée.*

Aujourd'hui, par son attitude active tant au sein de son association juive que de sa place en famille, Rébecca tente de réparer, recoudre les pans détruits de l'histoire : se dégage, tout au long de son récit, une grande empathie pour sa famille. Malgré les difficultés, son témoignage n'a, à aucun moment, été une moindre critique envers quiconque de sa famille. Elle désire intégrer l'histoire de sa famille afin de s'inscrire au mieux dans sa filiation.

> *Ma mère a besoin de justifier son comportement à elle par rapport à mes grands-parents, oui le fait que moi j'arrive à approfondir les choses, je pense que finalement ils m'en disent plus qu'à ma mère.*

A un niveau individuel, Rébecca décrit l'omniprésence de la Shoah dans sa vie, une véritable obsession qu'elle ne tente pas de contourner, au contraire. Elle essaie de s'en rapprocher, essayant de retrouver autant de traces que possible afin de s'approprier, s'imprégner les éléments de sa filiation :

> *Finalement, j'y pense tout le temps. En fait, j'ai l'habitude d'écrire, quand ça ne va pas ou quand j'ai des idées. Finalement, quand j'écris, même quand j'ai commencé un autre sujet, ça revient tout le temps ! C'est toujours la même question, et c'est comme quand on va à la bibliothèque. C'est ça, j'ai une obsession. Et si je veux aller à Auschwitz, c'est pour voir parce que j'ai besoin de voir là-bas ce que c'était. De toute façon, je n'arriverai jamais à ressentir ce qu'eux ont ressenti, ce qu'eux ont souffert. M'identifier à leur souffrance, je ne peux pas, ce n'est pas quelque chose de possible, c'est une souffrance différente. Des fois je me suis dit : « tout ce que je fais, c'est survivre ».*

Analysant sa propre attitude ou son type de lien d'attachement à ses grands-parents, elle me confie :

> *En fait, je ne suis pas assez, enfin je ne me trouve pas assez contaminée par eux, c'est-à-dire, que je voudrais, voilà, je voudrais presque avoir pu être eux ! C'est ça, on ne comprend pas, et tant qu'on ne comprend pas, on cherche. Je pense qu'on souffre le plus parce qu'on ne pourra jamais ressentir leur souffrance à eux.*

Selon Rébecca, plus on fait taire cet enfer passé, plus cela renforce son désir de connaître la réalité historique du traumatisme de ses grands-parents :

> *Bref, ça renvoie toujours à la mort, et les parents, ça bloque, ça fait que renforcer.*

Olivia

Olivia avait vingt-sept ans lorsque je l'ai rencontrée. Une jeune femme extrêmement sympathique, très gaie, est venue chez moi un matin me parler de sa position familiale.

Très différente de Rébecca, Olivia, au contraire, a rejeté, autant qu'elle l'a pu, son héritage familial qu'elle supporte encore mal. Olivia m'a parlé d'une sorte de « *recréation post mortem* » après le décès de son grand-père, un résistant communiste qui avait été déporté à Buchenwald. A ce moment-là sa mère, enfant de déporté, s'est alors vivement engagée dans une association d'anciens déportés, ainsi que le frère d'Olivia, le fils aîné.

> *A partir du moment où mon grand-père est mort, en fait elle s'est jetée à corps perdu dans une sorte de recréation post-mortem, en s'investissant dans l'association Buchenwald Dora dans un travail titanesque qui était la rédaction du mémorial.*
> *Tout a commencé en quatrième, le bagne pour moi : mon entrée à la Légion d'honneur ! Il a eu sa Légion grâce à sa déportation. Pour moi, c'était un internement : je ne le remercie pas spécialement. Il a été mis sur un piédestal et ça m'a affectée sur un plan personnel.*

Les enfants de survivants semblent, aux yeux de leurs propres enfants, donner l'impression de continuer de survivre, alors qu'ils n'ont jamais connu la déportation. Ils semblent traumatisés par le traumatisme de leur parent, et le manifestent par des attitudes étranges qui peuvent prendre la forme d'un détachement affectif de leurs propres enfants, si l'on écoute Olivia (ainsi que le précédent message, un peu similaire sur ce point, de Rébecca).

La génération des enfants de survivants, la seconde génération, semble essayer de se réapproprier le caractère inhumain de la déportation par des actes et engagements très lourds, on peut le dire, à la recherche de fantômes : une attitude pas toujours facile pour la génération suivante.

En effet, les enfants de la troisième génération décrivent cette forme de détachement affectif de leur parent-enfant de survivant, non tourné vers des choses quotidiennes, mais vers des choses incompréhensibles et lourdes, bien qu'ils les comprennent, au plus profond.

Par rapport à sa mère, Olivia se sent plus mature qu'elle, parfois :

> *Elle ne sait pas qui je suis, ne cherche pas à le savoir. Parfois, je ne leur parle plus pendant quelques mois : elle ne m'écoute pas. Le fait que, effectivement elle ne s'intéressait pas à moi, en tant qu'être humain, le fait que j'ai l'impression parfois d'être plus mature qu'elle : ce genre de choses, et que le fait que cette discussion, en tout cas ce travail que l'on est en train de faire me permettra un jour de me mettre autour d'une table avec elle et d'en discuter avec elle simplement ! Mais je ne suis pas sûre qu'elle soit prête à entendre ce que j'ai à dire. On a déjà eu des gros clashs : deux fois, on a eu de très violentes disputes. Les deux fois c'était exactement la même chose : je lui reprochais de ne s'occuper que d'elle, de ne pas écouter ce que j'avais à dire, de ne jamais être à l'écoute. J'avais besoin de l'oreille d'une mère, de l'affection d'une mère, des solutions d'une mère et que je n'ai jamais pu trouver : donc il a fallu que moi je cherche ailleurs, et elle n'a pas du tout compris, elle s'est tout de suite braquée. Elle disait : « voilà, j'ai tout fait pour vous, j'ai toujours voulu vous donner la meilleure éducation possible et voilà tu me dis que je suis une mauvaise mère ». En gros elle me faisait me culpabiliser. Ce qui a très bien fonctionné. J'ai toujours été autonome par rapport à eux donc je n'avais pas de comptes à leur rendre spécifique. J'ai rarement des discussions intimes avec elle.*

Pour Olivia, la transmission d'un tel objet historique est inconcevable, impensable. Elle choisit pour l'instant de l'oublier. Sa révolte et son rejet ne sont que temporaires et ne concernent pas la Shoah en tant que telle, mais plutôt la façon dont sa mère, son frère et sa sœur l'ont intégrée : une façon massive et trop omniprésente pour elle, fille de son père aussi. Olivia n'a, en effet, pas souhaité occulter la place discrète et l'histoire de son père.

> *Je fais un blocage. Par exemple, ma mère m'a donné le mémorial : je ne l'ai jamais ouvert. Physiquement je ne peux pas l'ouvrir. Je laisse de côté, j'oublie inconsciemment oui. J'ai vu* Le Pianiste *et là, je n'arrête pas d'y penser. A mes enfants j'en parlerai, c'est encore trop présent.*

> *[Ma mère] en parle tout le temps, la transmission s'est faite dans la défense de ses idées rythmée par une vie communiste. Elle a besoin d'avoir créé une famille dans le genre « famille ». Et mon père est très effacé. A la mort de mon grand-père, ils se sont jetés dans le patrimoine familial, mon père et moi avons un espace de recul.*

Je sais qu'il a été résistant politique et que, suite à cette résistance, il a été en camp de concentration. J'ai des notions de ce qu'il s'est passé dans les camps, par contre je n'ai aucune notion de dates, je ne sais pas du tout quand il est sorti.

Pour moi directement, je ne sais pas un respect en tout cas de la liberté, ça c'est sûr ! Une notion de certaines valeurs : l'idée de la liberté d'expression, également de la défense de ses opinions. Je ne dirais pas quel qu'en soit le prix mais voilà ! Lui, il est allé jusqu'au bout de ses opinions. On a été élevés un peu dans ce principe-là, et une fierté aussi malgré tout, parce que quand on a un aïeul qui a vécu ce genre de drame humain et qu'il s'en est sorti, on est fier malgré tout ! Et puis directement moi, suite à cet internement et différentes étapes de sa vie après, il a eu la médaille de la Légion d'honneur et donc, je suis allée à l'école de la Légion d'honneur. Ça a eu directement des incidences sur ma vie personnelle et intellectuelle, sociale.

En fait, soit on me le reprochait en me donnant des ouvrages systématiquement à lire que je ne lis pas, que je laisse de côté, soit on parle de l'activité de l'association et j'en ai rien à faire.
J'y pense parce que malgré tout, là je vois bien que j'ai des lacunes sur cet élément qui est constitutif à part entière de l'histoire familiale et que, peut-être, un jour venu, j'aurai envie de transmettre cette histoire à mes enfants et qu'il faudra que je m'y plonge. Ça fait partie de l'Histoire. Regardez, nous, on en a beaucoup plus parlé que de l'histoire du côté de mon père, pourtant elle était ukrainienne, famille de paysans, débarquant en France, difficile quand même ! Ils ont traversé des choses difficiles : je ne dis pas que c'était aussi difficile que les camps mais c'est quand même des tranches de vie particulières et pourtant c'est quelque chose dont on a beaucoup moins entendu parler par rapport à ce rabâchage de ces histoires de camps de concentration ! Ma mère s'est réapproprié complètement cette histoire.

Mais en fait, avec vous, c'était la première fois que j'avais à formuler des choses dont j'avais conscience. Je dirais presque inconsciemment que, du coup, ça m'explique un peu mieux, effectivement les rapports que je peux avoir avec ma mère, ça met en lumière plein de choses et notamment plein de choses qui ont une incidence sur nos rapports aujourd'hui.

François

François est, comme Rébecca, membre d'une association d'étudiants juifs. Il est en DEA de finances publiques. Extrêmement vif d'esprit et rempli d'humour, il parvient cependant difficilement à dissimuler les retentissements de l'ampleur du traumatisme de sa grand-mère maternelle, rescapée d'Auschwitz, qui a fait « la fameuse marche ». Il se dégage de François un phénomène qui m'a tout de suite « sauté aux yeux », une sorte d'identification physique à sa grand-mère du fait d'une grande maigreur, ainsi qu'aux symptômes de sa mère : un mimétisme familial dont il parlera d'ailleurs au cours de notre entretien.

François m'a raconté comment sa mère, gynécologue, a développé sa propre théorie :

> *Maman est gynécologue. Si vous voulez, Maman, on peut dire qu'elle a cette idée, enfin, elle est née après-guerre, je ne sais comment dire ça : qu'elle était aussi à Auschwitz, en quelque sorte ! Alors elle a une théorie que l'ovule était déjà là forcément, il y avait là une partie d'elle qui était : « Elle en est sortie ».*
> *Par contre, un jour, je l'ai entendue dire, elle a fait une dépression, avant ça. Enfin je ne sais pas si c'est lié à ça ou si c'est plus une question de nature psychologique. Je pourrais aussi faire une dépression si je voulais ! Enfin, si je voulais, oui, je pourrais avoir une nature un peu dépressive à l'occasion. Et ça m'a débloqué enfin, oui, ça m'a débloqué. Il y a certaines choses qui ont changé, qui se sont développées.*
> *Pendant longtemps, elle s'est demandé si elle serait sortie et aujourd'hui elle dit : « c'est bon, je sais que je serais sortie », du genre bon, elle a travaillé, elle a eu des enfants, je ne sais pas comment interpréter ça. Oui, en vérité, elle a été sérieusement touchée par la Shoah.*
>
> *Moi, je ne sais pas, j'ai l'impression que je lui ressemble beaucoup. Mais je ne sais pas si c'est vrai ou si c'est du construit. C'est ce que je vous disais avant que vous mettiez la cassette. Je ne sais pas. Vous cherchez des fois des façons d'être qui vous plaisent ou non, et vous cherchez la cause de cette raison, de cette façon d'être, et alors l'explication toute trouvée ou pas, c'est peut-être effectivement cette histoire-là : la Shoah. Je n'en sais rien. Elle a été hospitalisée un moment, quelques jours ; elle ne nous a pas raconté les détails. J'avais environ huit ans.*

Ma grand-mère en parle, raconte ses histoires, toujours les mêmes histoires, c'est nécessaire. Maman, elle en parle, en ce sens que c'est sa façon, c'est assez structurant de sa façon d'être oui, sa façon de penser, en ce sens-là, oui. Mais c'est latent, oui quand même.

La majorité des discussions c'est quand même ce qu'elle a fait la journée, nos études, ce qu'on va faire pendant les vacances etc. Ce n'est pas non plus forcément des sujets qui prêtent forcément beaucoup à un réel blocage.

François, à différents niveaux, se sent très proche de sa mère, malgré certaines incompréhensions :

Par rapport à Maman, j'ai l'impression d'être très, très proche. On se ressemble beaucoup. On a tous les deux été assez marqués par l'événement de façon certainement différente mais Maman ne le reconnaît pas forcément.

Elle, elle me dit :
« Moi, j'ai grandi, on me disait tout le temps : mais qu'est-ce que tu aurais fait à Auschwitz ? Tandis que toi ça, toi tu n'as pas grandi avec ça ! Pourquoi toi, ça a pu… »

Si vous voulez elle dirait :
« Pourquoi ça te poserait un problème ? »

Je veux dire, je n'ai pas été épargné par la Shoah, enfin. Evidemment il n'y a pas une volonté de transmission, évidemment, de transmission de souffrance. Du coup, elle a un peu de mal à comprendre : il y a des choses que l'on transmet malgré nous. Je ne suis pas sûr qu'elle comprenne très bien si on lui disait qu'on a été marqué.

Il se trouve une ressemblance physique à sa mère, mais aussi une ressemblance par rapport à la façon d'appréhender la Shoah, une façon pas nécessairement traumatique.

Physiquement je ressemble plus à Maman, mais aussi notamment par rapport à la Shoah. (C'est anecdotique quand je dis à qui je ressemble notamment par rapport à l'impact de la Shoah). Pas de problème d'identification à mon père, pas de problème d'identification. Ce qu'il s'est passé je le reprends complètement à mon compte dans toute sa dimension. Du coup, je m'identifie dans ce sens-là. Maintenant en termes de vie quotidienne, j'aimerais réussir à plus m'affranchir un peu plus de ce surmoi !

Puis il élargit l'entretien initial sur la question de l'identité juive.

> *Non, mais le fait qu'on dise que ça pourrait recommencer, ça a été incontestable, je ne serais peut-être plus là pour le voir, mais je serais bien étonné que ça ne recommence pas, (que ce soit avec les Juifs ou avec d'autres), quoi que vraiment, les juifs sont de bonnes poires pour ça, de bons clients pour être la cible de la vindicte populaire. C'est plus pour ça qu'on se questionne sur la place des juifs en France.*
> *Je ne peux pas désolidariser cette variable du reste. Je veux dire c'est un élément constitutif de l'identité juive aujourd'hui, et je ne peux pas vous dire : « Je suis différent parce que je suis juif et parmi les juifs il y a ça ». Ça devrait m'aider à relativiser plus certaines choses, mais en pratique, ça ne se fait pas forcément.*
>
> *Si l'on a affaire à l'Histoire, on se rend au moins compte que l'Histoire en fait, c'est plein d'histoires individuelles avec la Shoah. Il n'y en pas deux qui sont similaires. Ce n'était que des petits hasards, des coups de bol comme ça ! Oui, ça fait partie de mon quotidien. Enfin on peut dire qu'on en souffre dans ce sens que c'est quelque chose de plus dur à porter. Mais c'est aussi une force. Si on arrive à ne pas être détruit par cette histoire-là notamment, si on arrive à ne pas être détruit, on en sort renforcé.*
> *Continuer, oui, de la même façon que j'ai l'impression de continuer l'histoire que mes parents ont dû continuer. Ce n'est pas non plus spécialement par rapport à la Shoah, mais oui, c'est encore très frais ! C'est surtout l'identité des juifs que je veux dire, la mémoire de la Shoah ça va avec. Je ne vois pas quelqu'un qui se dirait juif et qui irait raconter que ces évènements, ça n'existe pas. Mais c'est ça que je veux porter. C'est surtout ça qui est très grand. Transmettre de l'implicite.*
>
> *Je ne peux pas dire que ça m'angoisse mais au quotidien, je suis d'une nature anxieuse : mes ongles c'est pour ça, ce ne sont pas des angoisses métaphysiques ! Mais il y a des questions sur l'avenir, je crois que tout le monde s'en pose non ? On en a tous même si ce n'est pas ça, même si c'est des choses plus légères !*

François raconte quelques scènes de sa vie quotidienne :

> *Je fais de la finance publique, des non-juifs, je suis avec eux toute la journée, je suis le seul juif à être inscrit dedans. Il y a forcément un moment enfin, où l'on va arrêter de se rapprocher, forcément, parce qu'il va y avoir des différences sociologiques, des différences culturelles, des choses qui vont faire que voilà ! C'est la première année que je ressens cela en DEA.*
> *Vous savez moi, dans le bus, un jour, il y avait une femme qui portait des sacs. Elle avait fait ses courses, elle était sur le fauteuil du premier rang derrière le conducteur, elle avait un certain âge. Elle avait posé ses sacs. Une Chinoise arrive, lui fait enlever, elle s'est tournée vers moi et m'a dit : « Ça se voit qu'elle n'est pas de chez nous ». Moi, je me suis posé des questions : pour moi, chez moi ça signifie : les Juifs. Donc, je me suis dit : « Qu'est-ce qu'elle essaie de me dire ? Pas de chez nous ? C'est une Chinoise ? ». J'ai baissé la tête et j'ai vu qu'elle portait des sacs casher. Et elle s'est tourné vers moi, on a un peu discuté et elle m'a dit : « Vous êtes israélite ? » Et c'est arrivé plusieurs fois.*

Sa façon d'intégrer sa propre histoire familiale a pu modifier son regard sur le monde, mais il ne se situe pas du tout sur le même niveau de souffrance que les traumatisés réels ayant été confrontés directement à l'événement.

> *Si vous voulez victime oui, en ce sens que ma vie, elle ne peut pas être la même que celle d'un non-juif (enfin encore que vous en êtes la preuve du contraire mais !) Ça veut dire que quand on a ça dans son histoire, on ne peut pas avoir une vie tout-à-fait normale. Si vous voulez, j'aurais l'impression d'être un peu un usurpateur si je disais que j'étais un survivant psychique. Parce que je veux dire que quelle que soit la nature de l'impact de la souffrance de la Shoah sur moi, je veux dire, je ne peux pas. Si, ça me travaille ! Mais je ne veux ériger, me mettre sur le même niveau de souffrance. Pour moi, il y a ceux qui ont été déportés et qui ont souffert énormément, comme si un peu on n'avait pas vraiment le droit ! C'est difficile de parler comme ça en termes de droit, parce que ce n'est pas comparable après ça, c'est une autre souffrance, mais elle est quand même moins douloureuse : ça n'a rien à voir. Et donc, non, je ne suis pas traumatisé par ça. J'y pense, c'est quelque chose qui change ma façon d'être au monde, ça complique ma vie, ça la rend sans doute plus difficile, ça la renforce aussi, ça me renforce, c'est susceptible de le faire.*

Il décrit la forme d'impact transmis, une sorte d'identification par un symptôme physique, celui de la maigreur, selon lui :

Tel que je le ressens, c'est qu'aujourd'hui, oui, ça a clairement un impact. Très clairement je me suis dit à un moment donné : « bon, peut-être François, c'est peut-être parce que tu as des choses à clarifier. Qu'est-ce qui serait arrivé de toi à cette époque etc. ? »
Je ne sais pas si vous avez remarqué mais je suis assez maigre, décharné pour tout dire, je fais un peu « sorti de camp ».
J'ai du mal à prendre ma place et à accepter d'être fait comme ça (mes épaules étroites). Donc c'est par rapport à ça peut-être que je me dis :
« François, à la sélection, enfin, je ne suis pas du tout convaincu que je serais passé dans la bonne file ».

Mais dans le fond, ce sont des questions qu'il ne faut pas se poser. Oui, ça me traverse l'esprit mais moi, je veux dire par rapport à tout ça, ce n'est pas que j'ai du mal par rapport à l'événement, mais j'ai du mal à qualifier ma place, vous avez dû vous en rendre compte. J'ai compris aussi qu'il n'y avait rien à comprendre, j'ai compris aussi que si on ne prend pas sa place de quelque manière personne ne nous la donne. Il y a un très beau texte écrit en 1975 qui se termine en disant : « Descartes avait tort : je pense donc je suis. C'est : je me défends donc je suis ».

Voilà ce que je comprends en règle générale, au niveau général macro-humain : si les juifs ne prennent pas leur place, ils ne l'auront pas, et à titre personnel « si tu ne prends pas ta place, et bien tu ne l'as pas, donc il faut t'imposer. » Donc je pense que je suis sensé parce que je suis là.

Pour finir, François rappelle la similitude d'attitude par rapport à l'événement de la Shoah avec sa mère :

Par rapport à Maman, j'ai l'impression d'avoir vécu le même relationnel à l'événement. Enfin, je vous dis, j'ai l'impression de lui ressembler de ce point de vue-là. Contrairement à elle, je n'ai peut-être pas répondu à toutes les questions encore, mais c'est peut-être moins vif que chez elle. Mais la logique est là. C'est pour ça que je vous dis que j'ai plutôt l'impression que ça n'a pas du tout ressurgi à la troisième génération.

Corinne

Corinne est une jeune mère de deux petites filles, elle est mariée. Fille aînée d'une fratrie de deux filles, elle est expert-comptable, comme son père. Bien qu'elle ne soit pas juive, puisqu'elle est fille d'une mère catholique, Corinne se sent radicalement juive.

> *Je dirais qu'aujourd'hui je revendiquerais une identité juive que je n'ai pas en réalité puisque ma mère est catholique. Je ne suis pas juive mais j'aurais tendance à revendiquer cette identité parce que je me sens juive quelque part, même si je ne le suis pas, du fait que ma grand-mère a été déportée. C'est pour ce motif que je n'ai pas envie de la laisser seule par rapport à ça.*
>
> *Ma grand-mère a été déportée très jeune, à seize ans à peu près, elle était d'origine juive mais ne pratiquait pas sa religion dans sa famille. Elle a été déportée avec son petit frère et ses parents. Un des frères a pu s'échapper. Elle, elle est partie à Ravensbrück, un camp de femmes pendant environ un an. Je n'ai pas les dates exactes. Son père et son frère sont partis à Buchenwald.*
>
> *Les deux enfants sont revenus. Les parents sont morts dans les camps. Ils arrivaient à échanger des courriers entre les deux camps. Ma grand-mère a toujours caché à son frère que leur mère était décédée, et son frère a toujours caché à ma grand-mère que leur père était décédé. Donc ils l'ont découvert quand ils sont rentrés.*

Le père de Corinne était orphelin de mère à l'âge deux ans. Le grand-père de Corinne s'est, par la suite, remarié avec une femme survivante d'Auschwitz qui redoutait plus que tout le fait de ne pouvoir avoir d'enfants :

> *Mon père, enfant de déporté, je pense qu'il n'a pas du tout été perturbé. C'est vrai que ma grand-mère n'en a pas parlé pendant des années. Mon père qui avait déjà perdu sa mère, il a d'abord retrouvé l'amour d'une maman qui avait, elle, de son côté peur de ne pas pouvoir avoir d'enfants, compte tenu des problèmes physiques liés à la déportation. La première pierre fondamentale est, je pense, une rencontre d'amour entre une dame qui avait peut-être peur de ne pas avoir d'enfants et des enfants qui avaient per-*

du leur maman. C'était presque impossible de parler de ce qu'elle avait vécu. Elle en parle seulement depuis une vingtaine d'années. Depuis qu'elle est devenue grand-mère, quelque part. Et mon père, il n'a pas, non je ne crois pas, qu'il ait été marqué. Il est expert-comptable, il a une société.

Le père de Corinne, enfant adopté par une mère survivante, a semblé avoir pu se forger un espace psychique adéquat pour dire en temps voulu et informer avec des mots audibles ses enfants de l'histoire familiale. Probablement, l'adoption provoquant une forme de distance, lui a permis d'établir un espace bénéfique recevant alors de façon moins traumatique, plus distancé, l'héritage psychique.

Très jeune, j'ai l'impression d'avoir entendu parler toujours, tout le temps, de la déportation dans ma vie. Par mon père, d'abord, puisque ma grand-mère, je vous dis, elle en a parlé assez tardivement. Mon père nous l'a toujours dit sur le ton de la gravité et de l'intolérance, je dirais, sur ce point de vue-là, il ne s'est jamais plaint, ma grand-mère ne s'est jamais plainte. Mon père a voulu me rapporter la gravité des faits. Il m'avait dit un jour : « Tu sais, si tu veux en parler un jour avec ta grand-mère, tu peux le faire : elle t'en parlera ». Et en fait, le déclenchement de commencer à parler des camps a été lorsque moi, sa petite-fille aînée, je suis arrivée en cinquième et j'ai fait le programme de la déportation. Et là, j'ai dit à Papa : « Papa, j'ai compris ce que c'était vraiment la déportation quand je l'ai étudiée de près ». C'est là que j'ai dit à Papa : « Est-ce que tu crois que je peux en parler à Mamie ? ». A partir de ce moment-là, ma grand-mère a accepté de ressortir des choses, des carnets qu'elle avait réussi à garder. Elle a commencé à en parler. Je pense que c'est là que j'ai pris pleinement conscience. On en parlait beaucoup, mais ça nous semblait tellement normal. Mais on en parlait beaucoup.

Différente est la réaction de sa mère, résistante à sa façon, par le fait d'avoir été choquée par l'attitude « trop tranquille » de ses propres parents vis-à-vis du traitement des Juifs.

Ma mère, bien que d'origine catholique, est beaucoup plus marquée par la Shoah parce qu'elle s'est passionnée pour ça. Ce n'est pas un hasard si elle a épousé mon père eu égard au parcours de sa propre famille à lui. Elle avait beaucoup d'empathie pour les familles marquées par la déportation et je pense que je dirais qu'elle est beaucoup plus sensibilisée à la limite que mon père. Elle vit plus mal le fait d'avoir appartenu à une famille qui n'a pas fait grand-chose, qui s'est occupée de soi. Voilà tout simplement.

Quant à Corinne, l'histoire familiale et sa transmission font partie intégrante de sa vie au point d'avoir souhaité conserver personnellement son nom juif de jeune fille.

> *Moi, ça fait partie de ma vie, j'en ai toujours parlé autour de moi. J'ai fait témoigner ma grand-mère auprès de mes amis quand j'étais plus jeune afin qu'ils voient quelqu'un.*
> *Je me sens complètement imprégnée de cette histoire, je suis très investie. C'est vrai que ça a marqué l'histoire de ma famille et encore aujourd'hui dans la démarche que j'ai avec mes enfants.*

Par tradition, Corinne a souhaité conserver son nom de jeune fille juif, afin de s'affilier à sa propre histoire familiale, sans toutefois le transmettre à ses filles qui portent le nom de leur père. Un tel choix pour le nom de ses filles ne s'est pas opéré sans culpabilité.

> *Je porte un nom juif et quand je me suis mariée, j'ai dit à mon mari que je ne voulais pas renoncer à ce nom parce que justement, c'était porteur de toute une histoire que je ne voulais pas effacer. Mon mari a un nom français ou pas français, peu importe, mais enfin qui n'est pas marqué par la religion juive. Je voulais absolument garder mon nom, je dirais un peu par respect pour ma grand-mère et parce que je me sens très concernée. Et quand j'ai eu ma première fille, je me suis dit, et ça j'ai trouvé ça terrible : « je suis contente pour elle qu'elle ne porte pas ce nom-là finalement. On ne sait jamais ». Et ça, ça m'a glacée de le penser. Je me suis dit « quand même, moi je fais le choix pour moi de garder mon nom, et je l'ai gardé, mais pour mes enfants, j'aime autant qu'ils s'appellent autrement ». Et ça, ça m'a fait mal de le penser. Mais c'est venu un peu, je le dis, mais c'est une pensée qui m'a un peu submergée. Mon mari voulait aussi que ses enfants s'appellent comme lui : ça m'a arrangée.*

Elle décrit l'évolution résiliente qu'a pu vivre sa grand-mère, après des années de silence, de deuils d'enfants non arrivés à leur terme, une évolution dans les générations, de même, qui semble s'être transmise, sans traumatisme de filiation, de mère à fils... à petite-fille.

> *Ma grand-mère, je dirais qu'aujourd'hui, elle a une drôle de manière de raconter la déportation, plus les années passent, moins elle la raconte de ma-*

nière forte, je dirais. Aujourd'hui, elle semble avoir été une prisonnière de guerre ayant fait des travaux forcés, puis en est rentrée. Alors qu'il y a vingt ans quand elle le racontait, ça n'avait rien à voir.

Ma grand-mère, son rêve, c'était d'avoir une vie normale. Mais je crois que de toute manière, entre le moment où elle est rentrée en 1943 et il y a vingt ans, à partir du moment où elle a accepté d'en parler, donc elle a élevé ses enfants sans jamais en parler. Ça a été horrible : elle a perdu trois ou quatre bébés à la naissance, elle a complètement intériorisé tout, je pense. Elle a épousé un homme qui avait deux enfants : mon père et son frère. Elle a eu trois enfants ensuite.

Mon père a choisi d'être heureux : ce n'est pas inné. Une bonne fois pour toutes, il a dit : « bon, je refuse de laisser le malheur s'abattre sur moi ». Il nous a transmis cette aptitude au bonheur qui n'est pas donnée à tout le monde, ça c'est certain ! Mais c'est une volonté de sa part, travaillée. Bon, je ne sais pas ce qu'il en est au fin fond de lui, mais il n'a pas voulu que ça arrive jusqu'à nous.

La représentation, l'image de la déportation de sa grand-mère est un sujet récurrent qui semble faire partie intégrante de l'identité de Corinne. Elle est reçue de façon différente par ses propres parents qui réagissent chacun à sa manière :

J'ai été à Ravensbrück, là où était ma grand-mère. J'y suis allée avec ma grand-mère et ma sœur. Je suis concernée, j'ai épousé un homme qui n'avait jamais été sensibilisé, je dirais même, à la Seconde Guerre mondiale en général, et à la déportation en particulier, et je l'ai, je dirais peut-être « bassiné » avec ça. Pendant un temps il trouvait que je lui en parlais beaucoup trop et maintenant qu'il a des enfants, il s'y intéresse énormément et on en reparle, avant, quand nous étions jeunes, il disait :
« Ecoute, c'est bon, tu ne vas pas me parler de ça toutes les cinq minutes ». C'est vrai que pour moi, c'est un sujet récurrent.

Ma mère, je dirais, est plus impliquée aujourd'hui dans un combat contre l'intolérance en général et l'antisémitisme en particulier. Mais elle aussi elle a été à Ravensbrück, avec ma grand-mère toute seule.

Mon père n'a jamais été à Ravensbrück par exemple. Alors que sa femme et ses filles y ont été. Quelque part, il n'a pas envie. Peut-être que ça serait encore plus douloureux pour lui parce que curieusement, ma grand-mère a tellement occulté pendant la période de l'éducation de ses enfants que je crois que ses enfants, ils y pensent moins que ses petits-enfants parce qu'elle en a beaucoup plus parlé avec ses petits-enfants.

Profondément liée à sa grand-mère à côté de qui elle habite, à chaque fois qu'elles se voient, lorsque sa grand-mère entre dans la pièce, Corinne dirige son attention vers le traumatisme de la déportation, mais elle suppose que pour son père, il n'en est rien. Ensemble, elles parlent.

Ma grand-mère, chaque fois qu'on se voit, on parle de la déportation, on parle aussi un peu de la guerre parce qu'avant la déportation, elle a vécu quand même toute la guerre puisqu'elle est partie en juin ou juillet 1942, donc il y avait tout le reste, sa famille qui se cachait puisqu'elle, elle est vraiment d'une famille juive. Ses parents ne pratiquaient pas, mais ses oncles et tantes oui.

Quand je vois ma grand-mère, je dirais qu'automatiquement, je pense à ça. Je suis sûre que quand mon père voit sa mère, il ne pense pas automatiquement à la déportation de sa mère. Si elle lui en parle, d'accord. Mais ce n'est pas associé aussi directement. Alors que moi, il y a un lien évident. Quand je la vois rentrer chez moi ou quand je vais chez elle, enfin quand on se voit, dans les cinq premières minutes, je pense au fait qu'elle a été déportée. J'y pense, ça fait partie d'elle, pour moi c'est quasiment…c'est le point de sa vie qui la caractérise le plus, pour moi. Je pense que pour mon père, non, et pour ses enfants, non. C'était peut-être trop difficile, je pense de s'inscrire dans la continuité de ça. C'était trop dur. Alors que nous, on a du recul, enfin, en ce qui me concerne, j'ai été élevée normalement sans trop ce poids-là, même si j'en ai toujours eu l'information, mais on n'a pas cherché à me culpabiliser.

Je pense que dans un premier temps, la démarche de mes parents, ça a été de me parler de la déportation, et dans un deuxième temps, j'ai compris que ma grand-mère avait été déportée et elle me l'a dit. Cela ne s'est pas fait uniquement au travers du prisme de ma grand-mère. Cela m'a peut-être permis d'avoir davantage de recul. Et puis, j'ai vécu avec mes parents.

C'est vrai que je souhaite absolument que mes enfants le sachent, ce que cela représente, pourquoi ? Et que cela leur évite d'avoir des comportements de rejets vis-à-vis d'autres personnes.

Globalement, Corinne reste catégoriquement ferme sur ses propres positions vis-à-vis de toutes les formes de racisme :

Aujourd'hui, pour moi dans la vie, la chose la plus insupportable, c'est l'intolérance, le racisme, l'antisémitisme qui est un racisme comme d'autres racismes. Je ne peux pas être, par exemple, amie avec quelqu'un qui vote à l'extrême droite ! C'est impossible, impensable. Je ne peux pas, il y a des choses qui me sont complètement insupportables. On entend des choses, de manière commune, et ça jamais je laisse passer. Alors qu'il y a plein de gens qui disent : « oui, il est un peu raciste », je pointe tout de suite du doigt et je dis aux gens : « je ne veux pas vous entendre dire ça, sinon on ne se voit plus, c'est tout ». Je n'ai pas ça dans mes amis parce que j'ai choisi mes amis. C'est vrai que moi j'ai beaucoup de clients parce que c'est mon métier qui m'amène à rencontrer beaucoup de gens et dans les entreprises, j'entends des choses abominables. Non mais on ne peut pas !

Ce serait de la schizophrénie. On ne peut rien partager avec des gens comme ça. Je pense que cette histoire concourt énormément à ma vigilance à ce niveau-là ! Et ma sœur est tout aussi intolérante que moi sur ces problèmes-là, et je veux dire, on ne baisse jamais la garde. Jamais. Je pense que c'est la conséquence principale de cette situation. Je n'ai pas un parti pris non plus absolument a priori *pro ceci. Non, je suis ouverte à toutes les communautés mais, par contre, je ne supporte pas que les gens se rejettent de par leurs différences de couleur. Tout ça, c'est vraiment impensable.*

Alicia

« La foi féminine (…) est la voie ouverte au doute, au scepticisme, au pragmatisme : toujours en bordure de ce lien, essentiel entre tous, entre la mère et son autre. Et cela en aval avec nos enfants, quand nous en avons ; et en amont avec nos mères, dont nous portons l'ombre dans toutes nos relations féminines »

Julia Kristeva (1998).

« Notre développement s'est organisé autour de choses incompréhensibles. On ne trouvait pas le moyen de nous approcher de ce qui aurait pu définitivement nous en éloigner. On tournait autour des fantômes souterrains, intrigués par leur attirante laideur ».

Alicia n'était pas particulièrement faite pour l'ombre. Non. Pourtant, elle s'en souvient. A chaque fois qu'elle désirait s'élancer vers la luminosité du jour, se réchauffer aux rayons du soleil, courir dehors à la recherche de quelques jeux d'enfants, il y avait toujours là, au coin de la pièce, au coin de son âme, la guettant, le souffle des fantômes, leur regard triste et gris venant l'épauler tendrement, lui tendre la main, afin qu'elle ne s'éloigne pas trop, qu'elle ne risque pas de les laisser tomber. Elle s'en souvient des rendez-vous manqués, regardant alors le jeu des autres enfants sans s'y joindre jamais. La mélancolie n'était pas sa prédilection mais l'exigence des fantômes était telle, que le jeu serait définitivement exclu de son champ, de son évolution d'enfant.

Pourtant, au plus profond d'elle-même, elle savait alors qu'un jour, elle les affronterait, les quitterait définitivement. Ces rendez-vous intimes non choisis par elle-même, subtilement imposés, si elle devait s'y rendre pour quelques années, elle les quitterait un jour. L'entreprise serait longue, elle le prévoyait aussi, mais elle refermerait ses portes à jamais sur ces gnomes qui glaçaient son sang, refermaient ses narines, faisant en sorte que ses neurones refusent de se lier entre eux afin de s'ouvrir sur les enfants joueurs, la dirigeant uniquement vers l'isolement, loin, à part des autres.

Elle quitterait ce lien étrange qu'elle pensait toxique, malgré son attrait pour leur laideur particulière, pour leur tristesse aussi, si difficile à comprendre pour elle-même.

Les enfants de la guerre

Six enfants de la guerre sont nés. Ces enfants de la guerre, car ils le sont bien, étaient tous étant nés autour de 1939-1945.
La mère d'Alicia est l'aînée de la fratrie.

Toujours, Alicia a perçu, toute petite, que quelque chose de grave s'était passé. Mais personne n'en parlait. Très jeune, elle a compris que sa mère en était la principale héritière, de cette histoire sans mots incorporée dans ses faits et gestes, dans ses affects aussi, dans sa façon d'aimer et d'investir ses propres enfants, une façon si étrange.
Alicia était sa seconde fille. Elle avait un petit frère.

Leur père

Le père de la fratrie des six enfants était officier à Vichy au moment de l'histoire tragique, plus exactement au deuxième bureau de l'armée de l'air, un bureau de renseignements, puisque les accords de l'armistice interdisaient à la France d'avoir une aviation militaire.
Le monde si particulier et si dangereux du renseignement lui avait semblé un poste où il pourrait efficacement servir la France combattante et les armées alliées des Etats-Unis et de l'Angleterre.

Sa mission était précise : il s'agissait de transmettre le maximum de renseignements sur l'aviation allemande aux armées alliées, combattant l'occupant de façon clandestine et subversive, en liaison avec le service de renseignements et le deuxième bureau, au profit des Américains et des Anglais. Il transmettait donc par un rapport, tous les quinze jours, ces renseignements au SR (service de renseignements) et à l'ambassade des Etats-Unis, à Vichy.
Les renseignements étaient ensuite confiés aux Etats-Unis et à l'Angleterre.

A la suite de l'invasion de la zone libre par les Allemands, il est nommé chef de cabinet de l'organe liquidateur de l'armée de l'air.
Le gouvernement Laval imposé par Hitler et Pétain s'engage alors dans une véritable politique de collaboration avec l'Allemagne.

Début janvier 1943, leur père est soudain prévenu qu'un chef de la Gestapo se dirige vers son bureau, afin de venir l'arrêter. Il a juste le temps de glisser sous le tapis de son bureau des documents très compromettants. Parmi ceux-ci, il y a la liste des postes émetteurs radio de la Résistance.
Ce chef de la Gestapo qui vint l'arrêter lui dit :
« *Je sais que vous continuez à faire de l'espionnage contre les troupes Allemandes dans la zone nouvellement occupée : J'en ai la preuve* ».

Leur père est alors détenu à Fresnes. Début 1943, il est à nouveau interrogé par la Gestapo sur l'activité du deuxième bureau. Pendant ces six ou sept premiers mois, il passe par des alternances d'espoir et d'appréhension de la découverte par la Gestapo d'un document ou d'un fait accablant pour lui.

Dans cette même année, une de ses très proches cousines en laquelle il a une confiance absolue lui rend visite. Il connaît son extrême discrétion et son habileté. Il lui confia alors une triple mission risquée et audacieuse : récupérer au plus vite les documents glissés sous le tapis de son bureau à Vichy, contacter l'un de ses camarades pour lui transmettre une directive, prévenir de son arrestation telle ou telle personne. Afin de s'assurer que cette triple mission sera parfaitement remplie, il lui demande de lui faire parvenir une tablette de chocolat. Sur l'un des carrés de la plaque, elle devra avoir apposé un signe composé de trois traits parallèles tracés au canif. Quelques semaines plus tard, leur père recevra bien la tablette attendue. La mission a été parfaitement effectuée.

Fin 1943, il n'a plus aucun espoir d'être libéré. Le 1er septembre, un fort contingent d'officiers du service de renseignements et du deuxième bureau était parti pour l'Allemagne. Début 1944, il est dirigé vers Compiègne puis, à son tour, vers l'Allemagne, à Buchenwald.

En résumé, arrêté par la Gestapo sous l'inculpation d'« espionnage au profit des armées alliées », il a subi vingt-huit mois de captivité, dont un an de régime cellulaire en France et seize mois de déportation en Allemagne de laquelle il revient en mai 1945, gare de l'Est.

Dans le grand cercle maternel, Alicia a grandi, aimantée par les grands enfants de cette histoire : les frères et sœurs de sa mère, et sa mère. S'ils n'étaient pas présents toute l'année, (Alicia les voyait essentiellement pendant ses vacances), ils l'étaient pourtant, souvent, dans ses pensées.

Ces six grands enfants, bien que vivant pourtant éloignés les uns des autres en dehors des vacances scolaires, semblaient ne jamais se séparer d'un lourd contrat qui semblait les réunir, dans une atmosphère chargée. Et, ce qui surprenait Alicia, c'est la force avec laquelle ces grands enfants s'accrochaient à ce lien étrange, chargé de quelque chose qui n'était pas dit. Elle aussi, elle l'a avoué, était secrètement intriguée par cette atmosphère qu'elle retrouvait à chaque vacance scolaire. Elle ne cherchait aucunement à éviter ce lien d'attachement pesant et lourd. Au contraire, elle souhaitait s'en nourrir, le comprendre, le faire sien, car bien qu'étrange, c'était son premier lien d'attachement. Il était fort et précieux, lui occupant beaucoup l'esprit, et c'était là une différence prématurément remarquée par elle, revenant de vacances, lorsqu'elle se comparait aux élèves de son âge. Eux semblaient ne pas être habités par ce qu'elle-même rapportait de son été en famille, un objet en elle comparable à un lourd trésor intime, mais sombre.

Aux yeux d'Alicia, la fratrie maternelle semblait se cramponner à un enfer peu compréhensible resté sans mots, enrobé d'un mystère pesant. Là, dans ce lieu de vacances à la campagne, les générations se mêlaient, s'entrecroisaient. La jeune enfant, encore immature, avait un peu de mal à bien distinguer les liens de filiation. On peut dire que le rôle et les limites de chacun étaient un peu flous, mal définis, comme confondus dans l'atmosphère. Les âges se télescopaient dans les générations : les petits semblaient s'occuper des grands. Parfois, les enfants étaient témoins de confidences, plaintes, discussions, de scènes qui n'étaient pas de leur âge, lui semblait-il, petite-fille. Pourtant, tel était son destin qu'elle incorporait à son insu. Ce partage intime renversant un peu les générations allégeait-il la fratrie ? Alicia le supposait, remarquant au fond d'elle-même cette sorte d'inversion des rôles. Alors, ce premier lien d'attachement conduisait l'enfant à se questionner beaucoup sur le passé familial.

Alicia a entendu parler du retour d'Allemagne de son grand-père, par sa mère. Puis elle n'en saura plus rien, elle n'en entendra plus parler. Elle se sentait d'ailleurs davantage confiée moralement, symboliquement, à ses grands-parents dont l'un était survivant de Buchenwald, et beaucoup moins être la fille de ses parents, une enfant de son âge ou comme les autres. Elle avait le sentiment d'avoir comme « une place à part » qu'elle acceptait cependant avec grande joie.

Contexte historique

La fratrie, en 1939, était très jeune, à ce moment de l'histoire tragique de France où une poignée d'hommes de loi s'est montrée d'accord pour approuver les théories d'un ambitieux, Adolf Hitler, à savoir qu'il fallait éradiquer, éteindre un groupe humain : la communauté juive que ce dernier estimait « impure », et pour laquelle il éprouvait une haine viscérale. Ce manipulateur et séducteur des foules a su persuader, convaincre, par la puissance de sa haine, à la base. Haine qui ne questionna pas la France puisqu'elle fut écoutée, entendue, comprise et enfin approuvée par un ensemble de lois, à Vichy, lois visant à éliminer toute activité humaine émanant d'un juif : travail, habitat, biens, transports.

La majorité des Français ont été pris au piège de ce discours de « séduction par la haine ». Et le plus grand nombre d'entre eux n'a pas été conduit à approfondir le sens des propos haineux de l'ambitieux à l'égard des juifs[16]. Cette majorité s'est passivement laissée dominer pour se montrer d'accord finalement, avec le projet d'épuration de la communauté juive[17]. Seule, une minorité de Français, (les résistants), s'est opposée, n'ayant pu éviter que six millions de Juifs aient été abominablement moqués, violés, torturés, anéantis de toute estime de soi restante ou alors, asphyxiés et brûlés. Les lois de Vichy édictaient et organisaient les déportations en Allemagne vers les camps de concentration (camps de travail) ou d'extermination (les chambres à gaz).

Si certains déportés ont trouvé la force d'arriver vivant de leur voyage de trois jours et trois nuits, d'autres n'ont pu supporter le voyage, ils sont morts de faim, de soif et d'épuisement. Le grand-père d'Alicia avait écrit quelques lignes de son histoire, le voyage de l'enfer vers l'Allemagne.

---

[16] Améry J. (1970). « Le monde était en accord avec la place que les Allemands nous avait attribuée, le petit monde du camp et le grand monde du dehors qui n'élevait ses protestations que dans de (...) très rares cas lorsque, la nuit, on venait nous sortir de nos demeures ».

[17] Mouchenik, Y. (2006). « Le génocide des Juifs marque d'un traumatisme massif non seulement la grande majorité des enfants cachés, enfants de déportés et le plus souvent orphelins de la Shoah, mais aussi la génération de leurs enfants. Tout génocide attaque l'existence de la filiation et c'est certainement la raison pour laquelle la question de la mémoire, de l'histoire de la transmission est centrale ».

En route pour Buchenwald

« La situation dans le wagon s'aggrave d'heure en heure. Tous souffrent d'épuisement, de semi-asphyxie et de soif. Cette soif atroce qui dessèche la gorge, gonfle la langue. Ne pouvant naturellement nous déplacer pour utiliser une tinette qui se trouve quelque part dans le wagon, nous faisons circuler une bouteille que nous passons de main en main pour la vider. Devant moi, j'aperçois un jeune camarade qui vient d'utiliser la bouteille, et la tient dans ses mains. Il hésite à la passer à son voisin, puis, brusquement, il boit une ou deux gorgées qu'il recrache aussitôt en grimaçant et en poussant un juron. D'autres lèchent les parties métalliques du wagon sur lesquelles se dépose la buée de notre respiration. Faut-il souffrir pour en arriver là ! Nous continuons à lutter contre l'évanouissement, nous haletons, nous sommes vraiment à la limite de notre résistance. C'est l'atmosphère d'un sous-marin en perdition.

Le train roule, roule toujours lentement dans la nuit. N'arriverons-nous jamais ? Quelle que soit notre destination, la situation ne pourra pas être pire qu'ici. Nous le croyons fermement… et pourtant !

Vers le milieu de la nuit, enfin, nous comprenons à certains bruits extérieurs que nous touchons bientôt au terme de notre « transport ». Le train avance maintenant très lentement, il franchit des aiguillages et l'on devine, aux nombreux commandements ou appels, la présence de militaires Allemands tout le long d'un quai que nous longeons. Le convoi s'arrête, nous percevons des bruits de chaînes, de portes que l'on décadenasse et soudain les nôtres s'ouvrent brusquement.

Alors nous assistons et participons à une mise en scène vraiment terrifiante. Des SS se précipitent dans le wagon, la cravache à la main, et frappent à tour de bras en hurlant le fameux « Heraus-Schnell-Schnell *», que nous avons si souvent entendu depuis un an.*

Des projecteurs braqués sur nous nous aveuglent, des hommes en armes sont déployés tout le long du train, des chiens aboient rageusement et, sautant du wagon, nous tombons les uns sur les autres sur un quai tout couvert de neige glacée, par une température qui doit être voisine de moins quinze ou moins vingt degrés. Au moment de sauter à terre, un de nos camarades s'est dressé tout droit à la porte du wagon. Il pousse à tue-tête des clameurs inintelligibles. Il est devenu fou. Matraqué aussitôt, il disparaît dans la nuit et nous ne le retrouverons pas. Dans les wagons voisins, d'autres ont aussi perdu la raison et trois sont morts.

Dans cette bagarre invraisemblable, nous avons perdu naturellement manteau, veste, chandail, chemise, abandonnés sur le plancher du wagon et, le torse nu, les pieds nus, dans la neige, nous courons pendant plus d'un kilomètre toujours sous la menace vociférante des chiens et des SS. Nous passons alors en troupeau sous un grand porche que nous devinons encadré de tours et de miradors. Nous venons d'entrer dans la grande cour d'appel du fameux camp de concentration de Buchenwald.
Et dans quelques minutes, dépouillé de tous vêtements et même de mon alliance, tondu et désinfecté des pieds à la tête, rhabillé en clochard avec des claquettes de bois aux pieds, je serai ainsi, à l'aube du 30 janvier 1944, transformé brutalement en bagnard ».

Après la sélection, les « indésirables » jugés trop vieux, trop petits ou trop fragiles par les SS, furent mis à nu des heures durant dans le froid, avant de mourir gazés.

J.C. Snyders (2003) écrit quelques perceptions et suppositions d'enfant de père revenu d'Auschwitz :

« Courir nu devant les SS pour qu'ils voient si l'on pouvait encore se déplacer, et ceux qui étaient trop faibles pour le faire étaient aussitôt conduits vers la chambre à gaz (…) Il y a longtemps, de toute façon, que j'ai discerné, en partie du moins, de tels faits, et ce qu'ils avaient provoqué en lui. » (Snyders, p.43).

Les déportés furent affamés, exténués par des travaux impensables, torturés ou parfois battus à mort et bien d'autres choses encore...

Le grand-père d'Alicia avait décrit une scène de torture à Buchenwald.

Une exécution dans le bloc

« Un soir, après la soupe, une certaine agitation se produisit parmi la « colonie » polonaise du bloc et nous comprîmes rapidement qu'un codétenu polonais venait d'être pris en flagrant délit de vol d'un morceau de pain dans la ration d'un camarade. Le coupable était malmené, insulté, et bientôt, les plus « anciens » décidèrent de constituer un véritable tribunal pour le juger. Aussitôt, dégageant bancs et tables, ils aménagèrent un espace libre à l'une des extrémités du bloc.

Le coupable fut alors placé debout, au centre, tandis que toute la colonie polonaise faisait cercle autour de lui. Nous ne pouvions pas comprendre naturellement ce qui se disait en polonais mais il était évident que l'accusation venait d'être prononcée et que la sentence n'allait pas tarder. Celle-ci fut une sorte de lapidation à coups de poings et de pieds et l'exécution suivit immédiatement. Chacun successivement portait des coups sur le malheureux qui s'efforçait de les parer sans pouvoir les rendre. Quelle devait être la limite de ce supplice ? Nous l'ignorions et avions pitié pour ce pauvre homme. C'est tout ce que nous pouvions faire.

Nous avons bien tenté une intervention, mais dans une langue étrangère et contre une grande majorité d'excités, dont l'excitation gagnait de plus en plus en violence, nos voix n'avaient aucune portée. Nous assistions donc impuissants à ce supplice, dont l'aboutissement, nous l'avons compris très vite, ne pouvait être que la mort. Effectivement, le malheureux finit par s'effondrer presque sans vie sur le sol, mais, pour parfaire cette exécution encore incomplète, le tribunal décida de mettre à nu le condamné, puis de l'attacher à l'extérieur de la baraque où la température avoisinait moins vingt degrés. Cette dernière décision immédiatement appliquée calma les esprits et chacun, dans le silence, rejoignit sa « niche », avec la vision d'une barbarie impensable.

Le lendemain matin à quatre heures, les bourreaux voulurent constater que le froid avait achevé leur œuvre, mais l'homme respirait encore ! Comme le temps pressait avant le « café », il fut décidé d'en finir une bonne fois par la noyade en plongeant la tête du malheureux dans une bassine pleine d'eau et, après quelques soubresauts, la mort vint enfin le délivrer. Voilà donc le prix d'un vol de pain à un camarade de bagne ! »

Une exécution dans le bloc

Premières traces transmises

> *« Ce qui se transmet est une trace de ce qui n'a pu être d'abord reconnu et transmis dans l'ordre symbolique (...) Elle suit son chemin à travers les générations, jusqu'à ce qu'un destinataire se reconnaisse comme sujet de cette trace.» (R. Kaës, 1989)*

La mère d'Alicia se souvient de n'avoir pas vu son père rentrer un soir, arrêté par la Gestapo. Elle avait alors six ans.

> « *Depuis ce jour exact, mes vérifications ont commencé, je me suis mise à vérifier tous les soirs les plis de tapis, afin que ma mère ne s'y prenne pas les pieds, puis à vérifier le gaz* »,

furent à peu près les seuls mots de sa mère que l'enfant ait pu entendre sur la période de la guerre. Les six premières années de la vie de sa mère ont donc été mises aux oubliettes. Pourtant, ces années semblaient l'épuiser. Alors, Alicia ressentant intensément le poids de sa mère, tentait de lui apporter un peu d'aide. Jamais, en effet, sa mère ne lui a rien dit sur son enfance et la guerre, bien que sur son très beau visage, se lisait un cortège de douleur et d'abattement. N'ayant pu mettre en mots les choses de son esprit torturé, et optant pour la solution de les distribuer aux plus faibles, la mère en vint à penser que le mal n'était probablement pas en elle, mais peut-être venait-il d'ailleurs, d'un autre, à savoir le proche entourage de ses enfants[18]. D'un tel discours, les enfants étaient nourris, les maux étant distribués avec une grande force.

---

[18] Faimberg, H. (1988) appelle ce type d'identification condensant trois générations, le *télescopage générationnel* qui apparaît dans les *identifications inconscientes* du patient. Les parents *internes* (c'est-à-dire ceux décrits en cure psychanalytique), s'identifient et s'approprient ce qui appartient à l'enfant : son identité positive (fonction d'appropriation), et, parallèlement, expulsent dans l'enfant tout ce qu'eux-mêmes rejettent (fonction d'intrusion), le définissant tout compte fait par son identité négative. Alors l'enfant devient prisonnier du pouvoir aliénant narcissique de ses parents, sous forme de *capture identificatoire*, d'empiètement imagoïque. L'enfant, *privé de son espace psychique* propre, devient ce que chacun d'eux n'a *pas accepté de sa propre histoire* : les parents ne peuvent aimer l'enfant sans s'en emparer, et reconnaître son indépendance sans le haïr, (1987, p. 190). Les parents internes sont *inscrits* dans le psychisme en tant que parents qui considèrent l'enfant comme *faisant partie d'eux-mêmes.*
Enriquez, M. (1989) montre comment un sujet peut être psychiquement « englué » dans la génération précédente ou le « délire d'un parent ».

Ainsi, dans une forme du partage de traumatisme familial, la mère d'Alicia effectuait rituellement chaque soir « ses vérifications de gaz » et y conviait sa fille ; Alicia devenait, en effet, la complice favorite de sa mère, témoin intime pour l'aider à constater que le gaz était bien fermé. Toutes les veillées de ses jeunes années furent occupées à assister au cérémonial maternel lancinant :

> « *Je jure que le gaz est bien fermé, une fois, deux fois, trois fois... si je le fais une fois de plus, je jure sur ta tête, mon père mourra* »,

répétait-elle inlassablement, devant l'enfant, toute son énergie rassemblée dans ce comptage, autour des robinets de gaz.

La mère demandait à son enfant de partager son activité compulsive, face au gaz, devant lequel elle conviait ses dieux imaginaires, et son attitude absorbait Alicia. En réponse, pour ne pas pleurer peut-être, Alicia était alors prise d'un fou rire, probablement pour se défendre un peu, assise autour de la table de cuisine. Pourtant, ce temps de « folie partagée » semblait réjouir la mère dénuée de tout questionnement maternel vis-à-vis de sa propre attitude face à l'enfant, à savoir, par exemple, si ce spectacle pourrait ou non l'incommoder, la perturber. Ce bonheur ou soulagement de la mère, repéré par Alicia, conduisait probablement l'enfant à accepter de se joindre aux rituels répétitifs. Elle y répondait par l'introduction d'un petit rythme d'enfant, allégeant ainsi probablement

---

Granjon (1985, 1986, 1987ab, 1989) différencie la transmission psychique *intergénérationnelle* (formée d'objets *intégrables* favorisant un processus d'identification à l'héritier, lui permettant alors de constituer son appareil psychique propre), de la transmission psychique *transgénérationnelle*, qui elle concerne la *transmission du négatif*, (objets internes irreprésentables tels que secrets, non-dits, *fantômes omniprésents*, faute de pouvoir être pensés absents, constitués d'ancêtres ou de certains évènements anciens envahissant la psyché familiale (1987a p.12). Cette seconde transmission s'effectue par des mécanismes projectifs (le clivage et le déni étant sollicités par l'interdit de représentation de l'événement traumatique [Granjon et Guérin 1985]. Ces objets bruts, transmis tels quels, s'imposent à la mémoire occupant la psyché sans travail de liaison, se présentent comme des « contenants externes d'émotions et d'affects ni élaborés, ni élaborables [Granjon, 1989, p.57].

Boszormenyi-Nagy (1973) parle de *délégation* pour décrire le sentiment profondément inconscient d'être astreint à réaliser une *mission,* afin de résoudre un conflit vécu par l'aïeul, une *loyauté* envers ce dernier lui imposant des nécessités compulsives.

un peu le poids et la souffrance cachée de la mère : Alicia tapait doucement sur la table au fur et à mesure du comptage, orchestrant ainsi, comme un vrai jeu d'enfant, l'obsession maternelle. Alicia encadrait d'une petite cadence les mots et l'excitation de sa mère devant ses robinets de gaz : le comptage du nombre de fois que le gaz était bien fermé.

Assise devant ce lien énigmatique que lui offrait sa mère, Alicia tentait d'en déchiffrer une quelconque traduction solitaire. Elle en composera un sens, mais beaucoup plus tard. Ce comptage devenait, au fur et à mesure des années, une trace mystérieuse que la mère offrait en spectacle à Alicia, un symbole à essayer de traduire en langage humain : une mission[19]. A l'image d'une pellicule photo dont on ne perçoit que les contours fantomatiques, des tâches sombres, Alicia en cherchera seule la forme et la couleur.

Un observateur extérieur aurait pu, par ailleurs, repérer cela : la façon si particulière qu'avait la mère d'habiller sa fille. En effet, Alicia, toujours, était vêtue de quelque chose d'étrange, recouverte de tissus jamais confortables, recouverte de tissus froids. Elle s'en souvient. On eût dit que la mère habillait sa fille de choses dont elle souhaitait se débarrasser.

De façon massive, par sa demande suppliante, la mère privait l'enfant de son autonomie, lui confisquant son espace et son âge, télescopant[20] son énergie, essayant d'établir une vaste confusion[21] générationnelle entre

---

[19] Freud, S. (1912-1913) confirmait ce point : « *il reste des sujets sur lesquels porte le négatif de la transmission : le plus difficile à admettre est qu'ils puissent y consentir, et d'une manière ou d'une autre, en retirer un cruel avantage* ».
Quelques descendants de survivants semblent, en effet, vivre le traumatisme de leur parent comme un élément captivant. Ces dépositaires favoris de legs conçoivent alors leur héritage psychique comme une mission sacrée à laquelle ils adhèrent totalement et avec plaisir.

[20] Faimberg, H.(1988) décrit le *télescopage générationnel* comme étant un mécanisme identificatoire qui peut conduire l'enfant à se trouver privé de son espace psychique propre, pouvant devenir l'objet de ce que les parents n'ont pas accepté de leur propre histoire, les parents ne pouvant reconnaître l'indépendance de l'enfant sans le haïr, ne l'aimer que pour s'emparer de son identité positive (tout compte fait déniée par eux).

[21] Le Goff, J. (1993) a défini la *parentification* comme étant « un processus conduisant un enfant ou adolescent à prendre des responsabilités plus importantes que ne le voudra son âge et sa maturation, dans un contexte socio-historique précis, le conduisant à devenir le parent de ses parents. Ce processus implique plusieurs générations et plonge ses racines dans les générations des grands-parents, pouvant affecter les générations à

elles deux, de telle sorte que le langage en venait presque à perdre de son sens, pour l'enfant. Il y avait dans le désir maternel un mouvement de capture identificatoire, une forme de vol de la jeune énergie de l'enfant. La mère puisait ce qu'il y avait de bon dans l'enfant, évacuant parallèlement sa propre énergie toxique, un peu à l'image d'une transfusion sanguine. Comment une jeune enfant eût elle pu refuser d'aider une personne aussi proche que sa mère, quel que soit le poids de la demande ?

La mère essayait d'établir, entre elle-même et ses rituels, un lien, introduisant afin d'y parvenir au mieux, son enfant mandaté[22] . Que cherchait-elle ainsi ? Pour la petite-fille, le monde se durcissait, devenait d'une opacité peu confortable, d'une grande froideur, avec la construction imaginaire imposée.

Progressivement, le langage, pour l'enfant, perdait un peu de sa fonction d' « être en lien avec autrui », il ne voulait plus rien dire de chaleureux ni de bienveillant à son égard.
Suffirait-il à expliquer les choses, dans l'avenir ? Jusqu'où iront-elles, la mère et sa construction ?
Alicia, inquiète, s'interrogeait souvent.
Comment réagirait-elle à ces choses étranges reçues en héritage ?

---

venir ». Une identification spécifique est décrite, du fait d'une ambivalence d'autant plus difficile à surmonter qu'elle est indéfinie, et ce type de lien transgénérationnel semble perturber la qualité du refoulement œdipien.

22 Lebovici, S. (1983) nomme « *enfant mandaté* » l'enfant de survivant ne pouvant, au risque d'éveiller gravement sa culpabilité, se soustraire à la fonction de réparation et d'annulation de deuil que lui confèrent ses parents. Trossman (1968) souligne le poids trop lourd de la projection parentale, conduisant à des réactions inquiétantes à l'adolescence : la sexualité peut être gravement compromise dans le cadre de l'héritage traumatique. Il relie les problématiques psychiques à l'absence de support identificatoire. Siegel (1980) remarque des fantasmes sexuels masochistes qu'il explique par le processus d'association des idées infantiles sur la sexualité avec les souffrances des camps de concentration chuchotées et cachées par les parents.

Une place à part

Cette place particulière où sa mère l'invitait depuis toute petite n'a pas été sans conséquence sur les liens avec les autres enfants, mais aussi avec les différentes générations. Car si la mère avait besoin de la présence de l'enfant pour soulager son trop-plein d'énergie devant ses robinets de gaz, elle savait tout autant, lorsque ses obsessions se calmaient, reléguer violemment sa fille au rang de ce dont elle voulait se débarrasser : les choses haïssables en elle et ses enfants se confondaient.

Le gaz, l'enfant le comprenait, était utilisé pour camoufler et déplacer quelque chose que la mère n'avait pu comprendre, petite. La mère demandait à son enfant de l'aide, afin d'appréhender au mieux la partie énigmatique d'elle-même, tenter de symboliser les traces psychiques dont elle ne parvenait ni à se dessaisir ni à faire siennes. Ce contenu encombrant privé de forme et de contenant, elle le déplaçait sur ses robinets de gaz, aidée par Alicia.

Progressivement, la mère édifiait, par ce rituel, un mur glacial entre la vie et elle, entre sa fille et le monde. Ce mur froid de ciment érigé qu'elle construisait, soutenue par la présence rassurante de l'enfant, l'aidait à évacuer le poids dont l'enfant définissait encore mal le contenu, mais l'édifice psychique inventé par la mère devenait de plus en plus pesant pour l'enfant, et il lui arrivait de se demander parfois à quelle place sa mère désirait l'installer, dans sa construction imaginaire :

> *« De quel côté de ton mur veux-tu me déposer, Maman ? Je ne te comprends pas, je suis ton enfant. Ce que tu me demandes est trop lourd ».*

Question restant sans réponse, le mur de ciment glacial, progressivement, continuait de s'élever avec le temps. Et c'était peine perdue d'essayer d'aborder la question de la différence d'âge. Car dans ce lien que la mère tissait jour après jour, toute différence était, en effet, à exclure, malgré l'écart des deux générations. Alicia devrait pourtant grandir parmi les autres enfants, devenir une élève de son âge, c'est-à-dire occuper un rôle autre que celui de « confidente experte » ou de « témoin de l'enfer imaginaire ». Or, de plus en plus, la mère chargeait l'enfant de ce dont elle voulait se débarrasser, lui laissant peu d'autonomie, s'accaparant souvent ses devoirs, le soir où toujours, les constructions imaginaires de la mère devaient être placées *avant* la place d'élève de l'enfant, voire les suppléer. Ainsi, l'enfant était investie. La stratégie utilisée par la mère pour tenter d'expliquer les leçons brouillait davantage l'esprit de l'enfant qui pourtant supposait solitairement :

« *Mais c'est toi Maman qui ne comprends pas* ! »

Un des vifs désirs de la mère était que l'enfant et elle ne forment qu'une, rejoignant les choses non comprises de l'enfance de la mère, jamais deux êtres riches de leurs différences exprimées, jamais.
Sa mère restait comme liée à sa seule énergie d'enfant de survivant, ne parvenant pas à se décentrer, ne pouvant penser Alicia différente d'elle-même. On eût presque pu dire que son histoire s'était terminée au traumatisme de son père revenu de Buchenwald.

En effet, le psychisme familial n'ayant pu, à aucune génération, s'approprier l'événement traumatique, ce dernier s'est alors inscrit dans le groupe familial sous la forme d'une *incorporation*[23] peu structurée par le lien langagier, (à l'image d'une inclusion magique et non progressive des pensées, des images, des affects face à la situation traumatique restée alors à l'état de fantasme). Alors, l'échange est devenu figé, non dynamique, privé d'images et de mots, on peut dire privé de va-et-vient entre soi et l'autre, entre soi et le monde extérieur. Il est devenu, en effet, *conservateur*, c'est-à-dire que le traumatisme a été déposé brutalement, une fois pour toutes dans une *crypte*, le lieu du refoulé conservateur.

23 Abraham et Torok (1978) décrivent *l'incorporation* comme étant un fantasme, et *l'introjection,* un processus d'élargissement du moi. Le *fantasme,* d'essence narcissique, se réfère à une topique secrètement maintenue, qui absorbe ce qui vient à manquer, refusant le deuil et ses conséquences. Il refuse alors l'introjection des pulsions, qui mettrait fin à la dépendance objectale.
Si l'incorporation de l'objet crée ou renforce un lien imaginal, l'objet incorporé en lieu et place de l'objet perdu rappellera toujours, de par son existence et par l'allusion de son contenu, quelque chose d' « autre » de perdu : le désir frappé de refoulement. Tel un monument commémoratif, l'objet incorporé marque le lieu, la date, les circonstances où tel désir a été banni de l'introjection : autant de tombeaux dans la vie du moi.

Ainsi, précocement, l'enfant jouait le rôle attendu de « mère auxiliaire », de « soutien psychique », d' « animatrice » de sa mère qui, s'appuyant sur elle, oubliait son jeune âge[24].

Progressivement, d'année en année, la demande maternelle se transformait : elle allait croissante, prenait de l'ampleur. De plus en plus, elle pre-

---

24 Le petit d'homme se construit dans la *confrontation à l'adulte* et dans la *différenciation*, ce dernier étant disposé aux besoins psychiques de l'enfant, dans une *dissymétrie*. Autrement dit, tout trauma procéderait d'une *confusion*, d'une *annulation de cette différence d'âge* et de maturation sexuelle. Toute expérience traumatique renvoie à une difficulté de la mise en œuvre de la différence entre l'enfant et l'adulte.

Ainsi, Sandor Ferenczi (1932) développe son approche du trauma : selon lui, l'enfant jouant avec un adulte à des jeux de coloration érotique, reste toujours au niveau de la tendresse, contrairement à l'adulte. Cette agression va provoquer *un clivage* au niveau du moi de l'enfant, ainsi qu'une *identification à l'agresseur*.
Ferenczi, comme Winnicott, part de ses propres difficultés rencontrées lors des cures psychanalytiques d'adultes. Il constate que ce qui se reproduit, c'est une *identification à l'agresseur*, c'est-à-dire à *une culpabilité inconsciente de l'agresseur*. La cure analytique bute sur l'idéalisation de l'analyste par le patient. Une expérience traumatique est répétée dans le transfert. La cure vient rendre visible que tout trauma renvoie à ce trauma originel dans la relation parent/enfant non suffisamment différenciée.
A partir de ces constats, Ferenczi met en œuvre le modèle de « la *confusion des langues entre adultes et enfants* » : à la place de l'adaptation de l'adulte à l'enfant, c'est au contraire *l'enfant qui s'adapte à l'adulte*. L'agression envisagée est l'attentat sexuel de l'adulte, vivant dans un monde de passion et de culpabilité, sur l'enfant présumé innocent. Le comportement décrit, comme résultat de la peur, est *une soumission totale à la volonté de l'agresseur*. Le changement provoqué dans la personnalité de l'enfant est l'introjection du sentiment de culpabilité de l'adulte.
Toute pathologie renvoie au fond à *l'opération insuffisante de l'organisateur qu'est la différence des sexes et des générations*, en termes de *places*. Une *confusion des langues, des places, des besoins, et des fonctionnements s'opère dans un renversement*.

Le trauma, considéré par Ferenczi, est repéré et revient dans le *silence des séances* de psychanalyse, sans résurgence de souvenirs, mais avec une *impossibilité d'élaboration*. Le *psychisme continue de sacrifier une partie de lui-même pour sa survie*. Le *choc traumatique* est venu *fragmenter le psychisme du sujet. S'est* opéré alors *un clivage*, une déconnexion entre une partie sensible brutalement comme détruite, et une qui sait tout. La partie affective est détruite, le sujet est amputé de cette partie de lui-même. L'autre partie, déliée de tout affect, détachée de l'émotionnel, devient une sorte de savoir pur. Il y a alors brusque transformation de *la relation d'objet devenue impossible en relation narcissique*. Ferenczi parle d'auto-déchirure : un fragment du sujet vient alors secourir la partie restante souffrante.
Pour Ferenczi, les traumas trop violents causent un *clivage du moi,* une *absence de représentation* et enfin un *morcellement du sujet* où chacune des parties souffre pour elle-même ; le *patient répète l'événement traumatique*, au lieu de se le remémorer. Lorsque *la barrière des défenses est mise à mal*, pulvérisée par un agent extérieur, c'est alors le *narcissisme qui se trouve en danger*.

nait la forme d'un contrat inconscient[25] qui alourdissait l'enfant, l'incluant tout entière dans un pacte transmis, de plus en plus exigeant, de plus en plus repoussant. Ainsi les choses énigmatiques se perpétuaient sous de plus amples formes, empiétant sur le quotidien, imposant à l'enfant de s'occuper des traces du traumatisme de la mère restées sans mots.
Alicia trouvera-t-elle un espace pour penser[26] ?
Elle se le demandait, inquiète.

---

[25] Ciccone (1999) définit ce type de « contrat narcissique inconscient familial » : « tu seras porteur de cette partie non symbolisée de moi-même. En renonçant au plaisir, tu apaises ma propre envie, tu portes mes affects de deuil, tu perpétues le repentir et l'expiation. Tu ne te sépares pas de moi ».

[26] André Green (1983) considère que l'enfant, sous l'emprise d'un environnement familial perturbé, ne peut plus aspirer qu'à l'autonomie, le partage lui demeurant interdit. Alors, la solitude qui était une situation angoissante et à éviter change de signe. De négative, elle devient positive. Elle était fuie, elle devient recherchée. Le sujet se nide : il devient sa propre mère, mais demeure prisonnier de son économie de survie. Alors, se développe une haine secondaire pour tenter de surmonter le désarroi, qui se manifeste par le mécanisme de projections particulières : l'objet défaillant incorporé et projeté, de l'intérieur de l'enfant, à savoir le parent, est soit investigué soit divinisé. Ainsi, l'enfant tente de maîtriser la situation traumatique. De cette tentative infructueuse, les sublimations idéalisées précoces de l'enfant, issues de formations psychiques brutes et prématurées, mettent en échec le lien narcissique et objectal de l'enfant qui se bloque alors : de cette douleur psychique, il devient à l'enfant impossible de haïr comme d'aimer ; seul existe le sentiment d'une captivité qui dépossède le moi de lui-même et l'aliène à une figure irreprésentable.
Un enfant ayant un environnement défaillant ne peut l'introjecter ni même y renoncer ou le perdre : Il y a eu identification primaire à l'environnement pathogène, et transformation de l'identité positive en identité négative, c'est-à-dire au « trou laissé » par le désinvestissement des affects (non pas de l'objet).
Ce dernier ressurgit, dès que l'occasion se présente, sous forme d'hallucination affective et fantomatique.

L'enkystement de l'objet a trois buts : tout d'abord, celui de maintenir le parent perturbé, puis une tentative de ranimer le parent défaillant, lui rendre goût à la vie. Enfin le dernier but touche aux sentiments archaïques : l'enfant, à son insu, tente de rivaliser avec la place du traumatisme de l'objet défaillant et dans la triangulation précoce, où le trauma du parent occupe une place centrale.

Ces enfants « petits adultes » qui ne jouent plus.

> *« Pourquoi grimperais-tu au sommet des plus hautes collines, puisque ensuite il te faudrait redescendre, et une fois redescendu, comment faire pour ne pas passer ta vie à raconter comment tu t'y es pris pour monter ? Pourquoi ferais-tu semblant de vivre ? Pourquoi continuerais-tu ? (...) Non, tu préfères être la pièce manquante du puzzle. Tu retires du jeu tes billes et tes épingles »*[27].

Intriguée par l'œuvre désolante de sa mère, et occupée à se demander où se situer par rapport au « ciment affectif » qui régnait et gagnait du terrain, Alicia ne jouait plus avec les autres enfants de son âge. Les séances de fermeture de gaz quotidiennes installaient une distance entre les enfants de sa classe d'âge et elle, les jeux d'enfants lui paraissant étrangement puériles, enfantins. Elle pensait souvent :

> « *Ils font semblant de jouer, comment peuvent-ils croire en leur jeu ? Je n'y arrive pas* ».

Progressivement, l'enfant s'isolait de sa classe d'âge, pensant au plus profond d'elle-même :

> « *Je ne fais pas semblant de jouer à aider ma mère* ».

Tout compte fait, Alicia avait fini par prendre la demande de sa mère avec un sérieux extrême, malgré les apparences enfantines avec lesquelles elle encadrait le cérémonial imposé. Mais progressivement, les attentes de la mère envers son enfant s'accentuaient. La demande suppliante de placer son enfant face au gaz tous les soirs devenait l'essentiel de la teneur du lien d'attachement mère/enfant, un lien peu sécurisant.
Alicia suivait sa mère à la maison, comme un petit animal suit les traces maternelles. Elle avait pris pour habitude de l'aider[28].

---

[27] Perec G. (1967) *Un homme qui dort* p.45. éd. Folio Denanoël.

[28] Selon Abraham et Torok (1987) : « le fantôme est un fait métapsychologique. C'est dire que ce ne sont pas les trépassés qui viennent hanter, mais les lacunes laissées en nous par les secrets des autres [...] C'est à leurs enfants ou à leurs descendants qu'échoit le destin d'objectiver, sous les espèces du revenant, de telles tombes enfouies. Car, ce sont elles, les tombes des autres, qui reviennent les hanter ».

De même, lorsque la mère n'avait plus besoin de son enfant, dans les moments où elle abandonnait temporairement ses obsessions, Alicia s'assombrissait car ce n'était pas pour la prendre par la main pour l'emmener avec elle ailleurs afin de souffler un peu, des moments de détente qu'elle aurait pu lui accorder par rapport au contrat secrètement imposé. Non. Le lien tissé par la mère avait lieu autour de son gaz seulement. De ce mur froid, seul l'enfant devait se nourrir, sans être jamais emmené vers un lieu aéré, un lieu pour enfants : toute activité ludique à offrir à l'enfant échappait à la mère.

Le jeu n'existera pas pour Alicia.

Au fur et à mesure des années, lorsque la mère s'adressait à Alicia, on pouvait, en effet, se demander à qui elle parlait.

> « *Que voit le bébé quand il tourne son regard vers le visage de la mère ? Généralement, ce qu'il voit, c'est lui-même (...) Bien entendu, on ne peut rien dire des situations particulières où la mère n'est pas en état de répondre (...) Mais nombre de bébés se trouvent longtemps confrontés à l'expérience de ne pas recevoir en retour ce qu'eux-mêmes sont en train de donner. Ceux-là regardent mais ne se voient pas eux-mêmes. Ce qui ne va pas sans conséquences* »[29].

C'est fréquent, à la suite d'un traumatisme collectif, la communication familiale est troublée, il en résulte un malentendu qui va constituer, pour les générations ultérieures, un grand questionnement, un travail. L'événement traumatisant est indicible, dans la mesure où il est présent psychiquement chez celui qui l'a vécu, mais de telle façon que celui-ci ne peut en parler, le plus souvent à cause d'une honte ou d'une culpabilité d'avoir survécu, alors que d'autres ne l'ont pu.

---

[29] Winnicott (1975) *Jeu et réalité*. Chapitre : « Le rôle du miroir de la mère et de la famille dans le développement de l'enfant ». p. 153-155. éd. Gallimard.

Alors, ces enfants porteurs de l'histoire sans mots de leurs parents et d'évènements familiaux non-dits mais incorporés sont souvent *confondus* avec le traumatisme. Ils ont la perception massive de devoir *coller* au traumatisme de leurs parents sous peine d'échapper à leur filiation, ce qui peut prendre alors la forme d'un mandat imposé. Les événements des plus traumatiques ont imprimé, façonné dans leur structure psychique, une modification occulte. Ces enfants deviennent garants d'une crypte des éléments familiaux incorporés.

Au lendemain de la Seconde Guerre mondiale, aux Etats-Unis, le monde médical avait tenté de regrouper, classer dans une rubrique, la symptomatologie des survivants des camps, avait remarqué H. Epstein, une enfant de survivant, qui écrit :

> *« Les études psychiatriques étaient d'emblée semées d'embûches. La psychiatrie n'avait jamais été confrontée auparavant à un problème aussi massif et complexe. Nombre d'experts-psychiatres formés dans la stricte tradition freudienne n'étaient pas préparés à accepter la notion de trauma psychique profond chez l'adulte, et se refusaient à croire que la Shoah et ses conséquences puissent causer un changement psychologique et physique permanent. Selon leurs théories, la névrose traumatique, terme alors utilisé pour décrire ce qu'avaient subi les survivants, était un syndrome de courte durée et circonscrit. On attendait donc des survivants qu'ils présentent des symptômes clairement définis et cohérents, qui finiraient par disparaître.*
>
> *Mais la réalité ne ressemblait en rien à la théorie. Les psychiatres trouvèrent, au lieu de leurs prévisions, une variété déconcertante de cas et de problèmes.*
>
> *Le terme de syndrome du survivant n'évoquait pas ces changements bénéfiques de personnalité. Les enfants de survivants savaient que la vérité était bien plus complexe. Nous avons tous grandi au milieu de contradictions, avec une conscience aiguë du fait que nos parents étaient mus par un élan vers la vie aussi bien que vers la mort ».*[30]

---

30 Epstein H. (2004) *Le traumatisme en héritage* pp. 96-191. La cause des livres.

La mère d'Alicia semblait, en effet, ne pas tenir compte des différences de génération, désirant en abolir les frontières, et s'adressait à son enfant comme à un double d'elle-même, une sorte de confidente experte.[31] Le lieu douloureux de leur réunion était choisi par la mère seule, elle l'y invitait quotidiennement. Les mots mêmes, devenaient ciment, chaque jour de plus en plus privés d'une sorte de résonance intime mère-enfant. Le langage se chargeait progressivement d'une haine féroce : le mur de ciment gagnait en puissance : Alicia devenait, en la mère, comme confondue avec son mur glacial. Ce seul type de contrat maternel répétitif unissait la mère à sa fille.

On peut le dire, la fonction que sa mère lui avait confiée était ainsi. La demande non dite et implicite de la mère, ressentie par l'enfant, était la suivante :

> « *Aide-moi à construire mon mur glacial, et lorsque je me repose un peu, surveille-le* »,

un peu à la façon d'un « gardien de cimetière »[32], pensait parfois l'enfant souvent angoissée.

---

31 Green A. (1983) traite des conséquences sur l'enfant d'une dépression maternelle (consécutive à un deuil). Il souligne que l'enfant, face à la souffrance de la mère, fait l'expérience d'une *perte de sens* car il ne dispose d'*aucune explication* satisfaisante pour rendre compte de ce qui s'est produit, à savoir l'*abolition d'un plaisir partagé* dans la *relation mère enfant.* L'enfant fait alors l'expérience du *désinvestissement* dont *il est l'objet.* Il en résulte *des trous dans le psychisme et des mutilations affectives.*
L'emprise qu'exerce, par son discours, un parent sur son enfant, joue, de même sur un autre niveau que celui du sens et/ou du non-sens. Le parent, en effet, à travers ses projections, délivre à l'enfant un message qui lui assigne une *position identificatoire mortifère dans la succession des générations.* Face à un environnement perturbé du fait d'un traumatisme grave, une identification inconsciente est vécue par l'enfant sur un mode primaire. Cette identification en miroir, comme une symétrie réactionnelle ou un *mimétisme,* est le seul moyen, pour l'enfant, de *rétablir un lien avec son environnement.* Le but de ce mode d'identification cannibalique est de conserver le parent, le posséder. L'enfant, supposé se débarrasser d'un environnement lui répondant inadéquatement, s'identifie en réalité contre sa volonté, à l'insu de son Moi. *Il réinvestit ainsi les traces du trauma. L'enfant s'attribue, d'autre part, dans une mégalomanie négative, les réactions de l'environnement traumatisé.* Il s'octroie la faute, davantage liée à sa manière d'être, plutôt qu'à ses désirs interdits. En fait, *il lui devient interdit d'être,* se *sentant responsable de l'humeur noire de son environnement,* il devient *bouc émissaire.*

32 Abraham et Torok, (1987). « C'est au Moi [de l'enfant] que revient la fonction de gardien de cimetière. Il se tient planté là pour surveiller les allées et venues de la proche famille qui prétend – à titres divers – avoir accès à la tombe ».

Angoisses nocturnes

Au fil du temps, jour après jour, s'installaient de terribles craintes dans l'esprit d'Alicia : à la perspective du jour qui allait tomber, à l'arrivée de la nuit, une angoisse redoutable se dressait dans les pensées d'Alicia, l'envahissait tout entière. Des images sombres peuplaient son monde imaginaire qu'elle ne pouvait décrire, dès lors que la nuit s'approchait[33]. Les soirs qui tombaient terrorisaient Alicia. Une impossibilité à rester seule a progressivement conquis les pensées diurnes de l'enfant, et le soir arrivant, ces angoisses envahissantes auraient contraint ses parents à faire « chambre à part ».
Cela aussi lui fut beaucoup reproché :

> « *C'est de ta faute si on fait chambre à part !* », disait la mère.

De jour en jour, Alicia avait la sensation que c'était dans un lieu inhabituel qu'elle devrait grandir, un lieu « hors de la vie » vers lequel sa mère désirait l'envoyer, au fur et à mesure de son développement. Seuls les obsessions et les rituels du gaz guidaient la mère et d'eux seuls, elle nourrissait l'âme de son enfant. Alicia n'avait pas le choix, elle était contrainte de devoir s'adapter à son environnement premier et lorsque la mère s'absentait, les choses ne changeaient guère pour l'enfant :

> « *A des membres comme toi, tu me confies, afin qu'ils m'envoûtent dans le même lien, pour que jamais je ne m'échappe. Tu t'aides d'eux, afin que ton envoûtement maléfique me paraisse être l'unique issue possible* ».

---

33 Abraham et Torok (1987) : « Le fantôme leur est étranger. Les manifestations du fantôme ne sont pas directement liées à la vie pulsionnelle et ne sont pas à confondre avec le retour du refoulé (...) Le fantôme s'oppose à l'introjection libidinale, c'est-à-dire à l'appréhension des mots en tant qu'ils impliquent leur part d'inconscient (...) le travail du fantôme recouvre point par point ce que Freud a décrit sous l'intitulé de l'instinct de mort (...) Il n'a pas d'énergie propre, ne peut être ab réagi mais seulement nommé (...) Il poursuit dans le silence son œuvre de dé-liaison. Ajoutons qu'il est supporté par des mots occultés, autant de gnomes invisibles (...) enfin, il est source de répétitions indéfinies ne donnant le plus souvent même pas prise à la rationalisation ».

Bien qu'elle le critique souvent devant sa fille, la mère d'Alicia savait, par ailleurs, se joindre à son entourage pour condamner avec violence les grandes angoisses nocturnes d'Alicia. Dans ces veillées angoissantes et extrêmement redoutées par Alicia, la haine de la mère s'accentuait, instants où, au contraire, l'enfant aurait eu besoin d'un bain de paroles maternantes. Alors, tristesse et angoisses s'encryptaient progressivement, creusant le nid de la solitude, préparant les yeux gonflés du lendemain, à l'école. Tous les soirs, en effet, Alicia sanglotait des heures, seule, assise sur une chaise du couloir, attendant.

Ce n'est que très tard, après des réprimandes, lorsque le père d'Alicia allait éteindre, après ses lectures, qu'il s'adressait à son enfant avec la douceur d'un bon père.

Calmement, il lui disait chaque fois :

> « *Mais qu'est-ce que tu as donc* ? »

Le père d'Alicia, bien que de nature maternante, ne cherchait pourtant pas à obtenir des réponses, face à la grande inquiétude de l'enfant.
Cependant, Alicia se sentait apaisée. Dans la minute, en effet, bercée par des ronflements tranquilles, totalement rassurée d'avoir un père qui ne côtoyait pas « *ce monde du mur froid et imaginaire* », Alicia parvenait à s'endormir paisiblement.

Mais ses yeux avaient eu le temps de gonfler, ses cernes se creuser. Tous les matins, ces manifestations sur le visage fatiguaient beaucoup Alicia.

La pelade, une trace physique

Un matin, alors qu'Alicia seule se préparait pour partir à l'école à l'âge de cinq ans environ, elle sentit un espace sans cheveux sur son crâne, en se coiffant : une pelade nerveuse prenait forme, qui durera de très longues années. Alicia essayait de camoufler autant qu'elle le pouvait les espaces sans cheveux, nombreux, qui se développaient sur sa tête d'enfant. Malgré cette manifestation physique visible et désagréable reflétant l'état nerveux d'Alicia, quelle joie était-ce pourtant, lorsque, tous les soirs, sa mère passait un baume très odorant prescrit par le dermatologue, sur les nombreuses parties dégarnies de son cuir chevelu. Alicia s'en souvient de ces instants où elle occupait, quelques minutes par soir, une place « d'enfant de son âge ». Ce baume réparateur était pour elle une pommade odorante qu'elle n'oublierait pas, une trace d'un signe construit par elle, dont le monde extérieur (sa mère) acceptait de s'occuper. Le symptôme avait un sens qu'elle-même supposait un peu probablement, au milieu de sa tristesse. Mais quelle joie était-ce lorsque, parfois, sa mère déclarait joyeusement, en passant le baume :
« *Là, ça repousse !* »

Le baume odorant accomplissait l'effet positif de lui rendre sa chevelure tombée.
Alicia pourrait donc peut-être guérir définitivement un jour de sa pelade nerveuse.

Un moyen de négocier l'enfer transmis : être malade

Les vérifications de gaz ont progressivement conquis la psyché d'Alicia qui n'aimait pas l'école, après ses nuits de pleurs, terrifiant ses pensées. Le matin, fatiguée, il fallait se lever pour être à l'heure à l'école. Sa mère ne se levait pas, cela lui était impossible car souffrant d'insomnies, elle prenait des somnifères. Alors l'enfant s'occupait du petit déjeuner de son jeune frère aussi. Lui-même était souvent angoissé à l'idée de ne pas se réveiller, il lui demandait souvent le soir :
« *Tu me réveilles demain ?* »
Venant dormir avec elle parfois, pour contrôler cet instant.

Alicia arrivait à l'école les yeux gonflés et un peu chauds d'avoir trop pleuré durant toutes ses veillées. Le type d'attachement peu sécurisant, peu maternant, qui liait l'enfant à la mère rendait floues les pensées de l'enfant, et difficile le travail à l'école. Le matin, elle se sentait honteuse, ne sachant que dire. Les autres pouvaient-ils se douter et voir ces choses étranges et familiales dont elle ne savait que faire, ici ? Est-ce que cela se voyait sur son visage ? Comment dire ? Et que dire ? Elle se demandait souvent si la maîtresse pouvait percevoir ces choses qu'elle-même ne parvenait pas à nommer, choses qui pourtant vivaient en elle dans son présent, là, dans sa classe. Alicia devait faire des efforts et prendre sur elle-même afin que cela ne se voie pas. L'enfant semblait transporter jusque sur les bancs de l'école ces choses obscures, non-dites de la maison qu'elle ne comprenait pas très bien, qu'elle ne pouvait que supposer vaguement, et dont personne ne parlait.

Depuis quelques années, Alicia avait remarqué que sa mère était plus attentive lorsqu'elle était malade. Alors, lorsque vraiment trop fatiguée, l'enfant tentait de reconduire sa mère à un rôle maternant, afin de se reposer un peu elle-même des bizarreries de son rôle imposé, il lui arrivait parfois de grimper sur le bidet de la salle de bains, elle allait prendre le thermomètre dans le placard, le faisait monter un peu sous l'eau chaude. En deux mots, Alicia avait repéré qu'il lui fallait être malade pour être un enfant de son âge dont sa mère s'occupe normalement. Elle l'avait compris et simulait cela, afin de se reposer quelquefois.

Le médecin appelé par sa mère lui accordait alors quelques jours à la maison. L'un d'entre eux découvrit un jour une appendicite qu'Alicia savait imaginaire !

Ce qui valut à Alicia une longue hospitalisation…

Des traces psychiques aux traces réelles

Beaucoup plus tard, après une adolescence particulièrement heureuse et libératrice entre quatorze et dix-sept ans, les angoisses nocturnes sont revenues : à l'âge de dix-huit ou vingt ans.

Les fantômes ont gagné à nouveau son champ mental. Elle ne parvient pas à les chasser. Ils sont revenus la torturer, plus cruels que jamais. Elle ne peut en venir seule à bout, leur demander d'aller plus loin. Ils sont revenus cette nuit hanter son sommeil, son territoire, se loger en elle à nouveau, festoyer. Ils savent pourtant pertinemment que leur retour lui est extrêmement douloureux, elle ne veut plus les voir. Mais cela les indiffère. Ils n'ont jamais tenu compte de ses pensées, ni jamais de ses moindres désirs. Leur poids revient s'installer sur elle. Aucun « autre » n'existe pour eux, d'ailleurs. Ils reviennent empiéter sur son territoire psychique et s'approprier son espace.

Ils lui mentent parfois, afin de s'enfoncer, se loger davantage en elle. Pour se soustraire à son silence depuis des années, ils disent le faux pour savoir le vrai, afin de dérober une fois de plus les richesses de son jeune âge, celles qu'elle a pu défendre vainement, et construire, là-dessus, tant bien que mal, sur le chantier de son enfance, au-delà du gaz et du mur glacial.

Ce soir, sa respiration, ses pensées et son corps se crispaient, elle avait des démangeaisons sur la peau, et ne trouvait pas le sommeil. Des images totalement vides de représentations l'envahissaient. Il lui fallait alors aller s'en retourner sur des choses anciennes, *s'appuyer contre* un élément peu agréable, afin d'avoir la sensation d'être et de rester au contact de son propre corps. C'est le sol qu'elle choisissait, quittant alors son lit, au milieu de la nuit, pour s'allonger à la recherche d'un lieu et d'un contact difficiles, durs et froids, un peu comme le mur imaginaire que sa mère construisait avec elle, dans la réalité quotidienne, lorsqu'elle était enfant. Ce besoin d'un contact physique peu agréable alors qu'elle avait un lit, était une des traces psychiques de son héritage maternel qui s'installait à l'âge de l'entrée dans sa vie d'adulte, comme si, tout compte fait, d'un enfer intégré à son insu, tout au long de son enfance, elle s'était habituée à l'inconfort : elle commençait à faire une place à l'enfer transmis, *contre son corps.* Elle en conservait des traces psychiques, qu'elle essayait de rendre vraies, visibles, afin de les ressentir dans son être, dans son corps.

Par ailleurs, elle commençait à entrevoir, entrouvrir aussi, le début des retentissements toxiques de l'histoire de la mère qui empiétait sur son quotidien et ses premiers choix d'entrée dans la vie d'adulte. Elle comprenait que ce n'était qu'un début de vie qu'il lui faudrait reconstruire totalement : sa construction quotidienne, ses choix ne semblaient pas en véritable adéquation avec son vrai moi. Elle percevait un décalage. Oui, elle avait dû faire beaucoup d'efforts pour s'adapter et répondre à des demandes lourdes et précoces qu'elle n'avait pu refuser. Elle sentait que tout un travail de *dé-construction* (qui ne signifie pas destruction) lui serait nécessaire. Il lui semblait avoir appris beaucoup, mais à l'envers du vrai sens, tout au moins par rapport à ses propres attentes.

Elle s'étonnait enfin, de plus en plus souvent, des mouvements de ses choix ou attitudes qui la conduisaient vers des situations peu confortables, vers des choses et des lieux peu attirants, vers des chemins isolés, sombres, des chemins très différents des autres.

Conversation solitaire

> *« Un petit enfant est si proche de ses parents, il est vrai, qu'il lui faut tenter de déchiffrer, de leur vie, les choses les plus secrètes : j'ai, moi aussi, essayé de comprendre ces choses. Cette part de mon père qui avait été persécutée, humiliée, cette part qu'il avait tant voulu laisser dans l'ombre, malgré moi je me suis approché d'elle (…) Les tentatives que j'ai faites pour chercher en moi-même ce qui s'était passé pour lui, mes interrogations muettes, mais qu'il pressentait en partie peut-être, dont je ne supposais du moins qu'il les pressentait, étaient sans doute, elles aussi, une manière de remettre sous ses yeux ce qu'il voulait tant éloigner. Ce n'est pas de ma faute, tu sais, quelque chose d'aussi important, que l'on met de côté, dont on ne parle jamais, je ne peux pas supporter de ne rien en savoir. Même si je suis encore tout petit, il faut bien que je cherche à comprendre ce que c'est ; je n'en ai pas le droit, je le sais bien, mais il m'est impossible, tu m'entends, impossible de ne pas le chercher. Tu te coupes en deux : on ne peut pas vivre comme ça ; et puis ce n'est pas une moitié de toi qu'il me faut : je voudrais un père qui soit tout entier ; alors pardonne-moi, mais je vais de ce côté interdit (…) Laisse-moi aller par là, cela m'est nécessaire, même si, je le comprends, il est nécessaire aussi pour toi de m'empêcher de m'y rendre (…) Je pars. Je vais chercher ce que tu as laissé sur la route, ce qui faisait partie de toi et que tu as abandonné. Cette part-là, si je la trouve, si je peux te la ramener, il me sera peut-être, à moi-même, possible de n'être plus divisé en deux ; ce n'est qu'à cette condition que je peux espérer retrouver quelque unité ».* [34]

Aujourd'hui encore, le gnome, le pire, est revenu. Alicia ignore pourquoi et comment il persiste tant à pénétrer dans sa crypte. Il frappe à la porte, s'acharne. Alors qu'elle le refuse, il entre. Il persiste comme un mistral violent de Provence, inlassablement, lui soufflant dans les oreilles, désirant s'accaparer de son lieu, d'elle-même, désirant la détruire.

> *« Quand cesseras-tu de venir ? N'as-tu pas un lieu où tu pourrais te poser, loin de chez moi ? N'as-tu pas un chez-toi ? J'ai construit mon abri, j'ai construit ma demeure. Pourquoi viens-tu l'envahir toujours ? Pourquoi t'acharnes-tu sur l'enfant que je suis ? »*

Cette nuit d'insomnie, Alicia pensait au triomphe de ces gnomes immondes qui font leur place dans son monde intime dont elle ne peut encore freiner la violence et la haine, ni se dire à elle-même :

---

[34] Snyders J.C. (2004) *Voyage de l'enfance,* pp. 174-175 Puf.

« Après tant d'années, arrête un peu ! Arrête un peu ta quête vers le déplaisir, vers ta torture, arrête de convoquer uniquement sans cesse ceux qui t'ont fait du mal. Ferme-leur ta porte ! Ne les laisse plus te prendre par la main pour toujours te conduire vers ta défaite, vers ces lieux où personne ne voudrait aller, où personne ne désirerait t'accompagner. Vers les choses et les lieux les plus haïssables, ces fantômes te dirigent toujours, à ton insu ! »

Au fur et à mesure des années, des injonctions inconscientes venant à la fois du dehors et de son monde intime la guidaient, face auxquelles, solitaire, elle essayait de répondre. Elle tentait de s'y adapter, non en trouver une issue de sortie. De ce fardeau incontournable, elle en adoptait la face douloureuse, ce monde transmis qui ne lui appartenait pas, elle essayait de se l'approprier, sous peine de rompre avec sa filiation. Ainsi, dans ce mouvement, elle n'empruntait pas les chemins les plus simples : Aux gnomes immondes transmis subtilement, elle donnait une place, c'est-à-dire aussi, à l'opposé de son désir, le plus souvent, mais seulement dans ses pensées.

« Non, ne rentrez pas ! Je vous ai dit de ne pas entrer aujourd'hui, ni d'ailleurs plus jamais. Vous m'avez fait assez souffrir, laissez-moi, je vous en prie, je ne peux plus vivre avec votre présence envahissante.

Vous souhaitez vous reposer contre moi et comme de mauvaises graines, contaminer mon territoire, vous adossant contre moi, mais vous êtes trop lourds ! Je ne puis grandir si je continue à soutenir votre demande, bien que mon plus grand désir ait été de vous aider. Pourquoi m'éreintez-vous à salir toujours mon jardin d'enfance et me demander mon secours ? Je suis trop jeune pour vous aider, c'est trop lourd pour l'enfant que je suis.

Habités par la haine, vous ne connaissez qu'elle, mais moi, c'est maintenant vers la lumière et la douceur que je veux me diriger. Vous refusez que je sois différente de vous. Vous annulez même tout espace quand vous vous adressez à moi car vous aimeriez que l'on soit confondu. Chargés probablement de choses trop lourdes, vous essayez de les déposer en moi, comme si cela m'appartenait ou venait de moi, comme si j'étais fautive de votre charge sans mots. Comme si ce monde que vous portez, c'est moi qui l'avais créé.

Laissez-moi tranquille ! Vous êtes assez grands pour marcher sans moi. Ne venez plus me chercher uniquement pour pleurer. Foutez le camp de ma route que vous cherchez à barrer depuis si longtemps. Maintenant j'ai l'âge de dire non et fermer des portes. »

Ils s'approchèrent de l'enfant, l'empoignèrent. Alicia fut conduite dans un lieu effrayant par son étrangeté, un lieu peuplé de figures détruites, droguées, anéanties. Les gnomes l'ont conduite là, obéissant à leurs habitudes, à leur petit travail quotidien, à leur lamentable idéologie de groupe. Alicia comprit rapidement que telle était leur fonction. Ici, « *une place parmi les vivants lui était refusée* », lui annoncèrent-ils. Il lui fallait maintenant venir côtoyer *la réalité* des morts/vivants. Dans ce miroir-là, ils lui proposèrent de se regarder le matin, non plus dans le sien, ni dans celui de son groupe d'âge. Dès son arrivée, en effet, l'unique bien dont Alicia ne se séparait jamais, son petit miroir de poche, lui fut confisqué, puis, plus tard, durant de longues années, ses ressources. A la place du miroir, ils lui injectèrent une substance chimique dans le bras, apte à endormir sa vigilance. Le lendemain de son arrivée, à son réveil, ils lui annoncèrent :

> « *Dorénavant, vous êtes ici chez vous* ».

Progressivement, les gnomes anéantissaient l'enfant, chaque jour davantage. De jour à en jour, ils la nourrissaient d'un discours répétitif la dégradant, lui chuchotant inlassablement :

> « *Tu ne vaux rien, il ne te reste que nous* ».

Essayant vainement de tenir, de se retenir, Alicia tomba à terre, lâcha prise, face au nombre de gnomes d'une grande laideur et d'une toute petite taille. Violemment acharnés sur elle, ils se ruèrent, poursuivant leur fonction habituelle sur l'enfant épuisée.

Les gnomes entamèrent leur longue entreprise routinière, celle de détruire tout « Autre », toute mémoire, toute individualité des arrivants ici, qu'ils soient jeunes ou vieux. C'était une entreprise (un travail disaient-ils) que les gnomes aimaient par-dessus tout. Ainsi, ils gagnaient leur vie.

> « *Ils sont venus à toi, ils t'ont agrippé par le bras. Comme si, inconnu perdu dans ta propre ville, tu ne pouvais croiser que d'autres inconnus ; comme si, solitaire, tu voyais fondre sur toi tous les autres solitaires. Comme si seuls pouvaient se rencontrer, le temps d'un verre de vin rouge bu à un même comptoir, ceux qui ne parlent jamais, ceux qui parlent tout seuls. Les vieux fous, les vieilles soûles, les illuminés, les exilés. Ils s'accrochent aux revers de ta veste, à tes basques, à tes manches, ils te soufflent leur haleine au visage* ».[35]

[35] Perec G. (1967) *Un homme qui dort,* p. 115. éd. Folio Denoël.

Départ d'Alicia.

« Sur ce chemin dépourvu de lumière, il me semble maintenant que rôdent près de moi des êtres effrayants ; ce ne sont sans doute pas même des êtres. Des choses affreuses ont dû être faites, des fautes indicibles ont été commises : ce sont elles que l'on croise sans doute, formant d'effrayants fantômes ». [36]

L'Histoire est-elle ou doit-elle être un éternel recommencement [37]?

Alicia se l'est demandé cette année-là, si seule. Telle était sa mission, avait-elle pourtant supposé, dans son for intérieur, son monde intime. Alors, elle s'est référée en pensée et s'en souvient comme si c'était hier, à son histoire familiale, celle de la Shoah, afin de traverser ce qui va suivre. Elle s'y est même un peu identifiée, m'avait-elle confiée, pour tenir, afin de continuer de penser, continuer d'exister.

A l'âge de vingt ans, les stimulations que l'enfant avait naturellement reçues jeune, les soins, les odeurs, les contacts, dans un langage socialement partagé, ce monde qui l'habitait, elle a été contrainte de le quitter, à l'âge de l'entrée dans sa vie adulte, perdant alors sa peau, ce lieu le plus proche de soi, interface entre le dehors et le dedans, le monde intérieur et l'environnement. Une structure en plein développement, c'est-à-dire tous les éléments rassemblés qui forment un individu, a perdu son enveloppe.

---

[36] Snyders JC (2004) *Voyage de l'enfance* p. 48, Puf.

[37] Laplanche J. et Pontalis JB (1967) « Certains sujets peuvent se placer activement dans des situations pénibles, répétant ainsi des expériences anciennes, sans se souvenir du prototype et avec l'impression très vive qu'il s'agit de quelque chose qui est pleinement motivé dans l'actuel ». Telle est la définition de la *compulsion à répétition* que Freud (1920) décrit comme étant « un processus d'origine inconsciente ». De même, *la névrose de destinée* est le « fait d'un retour périodique d'enchaînements identiques d'évènements, généralement malheureux, enchaînements auxquels le sujet paraît être soumis comme à une fatalité extérieure, alors qu'il convient selon la psychanalyse d'en chercher les ressorts dans l'inconscient et spécifiquement dans la compulsion à répétition ».
A ces deux définitions, une forme de transmission psychique inconsciente nouvelle semble s'opérer depuis la Shoah.

Comme nue, sans plus aucune enveloppe protectrice maternante, qu'elle soit tactile, visuelle, psychique, sans plus aucun bain de paroles l'inscrivant dans un groupe, autrement dit, isolée sensoriellement, elle a dû fuir pour tenter de continuer d'exister. A l'injonction de sa mère, l'enfant n'a pu s'opposer, tant la demande était hurlante, comme si, d'un refus de la part de l'enfant, dépendrait la vie de sa mère. Alicia céda, une fois de plus, elle accepta d'être conduite, expulsée dans ce désert sensoriel, sans mallette, sans habits, sans protection.

Evincée dans ce lieu terrifiant réel, (à l'image des gnomes immondes *mais imaginaires,* un monde qui lui appartenait dans une transmission familiale à qui elle avait donné refuge longtemps en elle), un lieu lui étant totalement étranger, sans bagages, Alicia fut contrainte de s'adapter. Dans son dénuement, confrontée à une véritablement sauvagerie humaine, à des individus qui n'avaient plus de forme, à des regards étranges et sans vie, elle cherchait cependant, au travers d'eux, à reconnaître des composants de son propre moi, dans ce nouveau groupe dans lequel elle avait été expédiée. Pourtant, plus elle s'adaptait à ce monde terrorisant, à son insu, plus elle devenait étrangère à elle-même. Elle essayait, autant qu'il lui était possible, de se protéger de la violence de ce lieu d'épouvante, mais, plus encore, des figures qui le peuplaient. Elle perdit d'ailleurs, dans ce lieu, et pour de longues années, des choses naturelles d'une jeune femme parmi les autres femmes, le mouvement de son intimité : ses règles mensuelles se sont arrêtées.

A qui pouvait-elle s'adresser pour dire un tel renversement de son être ? A l'intérieur de ce lieu immonde ? A l'extérieur, mais à qui ?

Avec qui tenter de partager ce monde incompréhensible pour quiconque, à qui donner ce message indicible reflétant le non-sens organisé des lois de ce lieu où elle avait été expédiée ?

Traumatisme transgénérationnel

Contrainte à la fois d'intégrer un monde extérieur terrifiant aux nouveautés de son monde interne et intime, son individualité, elle le percevait secrètement, se modifiait jour après jour, dans une sorte de métamorphose[38], selon une loi aléatoire et insensée qui rendait les nouveaux venus

[38] Deux types de traumatismes ont été décrits : soit, selon l'approche psychanalytique, « le fait d'être confronté à une situation dans laquelle les défenses disponibles ne sont pas suffisantes pour endiguer l'afflux pulsionnel » (Freud, 1920), soit « le fait d'être soumis à une entreprise délibérée de destruction de l'enveloppe défini par les théories ethnopsychiatriques ». Tobie Nathan (1991) nomme ce dispositif interne *une logique traumatique,* agissant alors comme « un véritable dispositif interne, *une organisation venant ordonner un chaos affectif,* à l'aide d'une *logique complexe* au développement inéluctable » (Devereux, 1968). Cette logique peut être décrite en termes de *métamorphose* d'autant plus radicale *qu'elle décompose l'organisation précédente en éléments discrets plus petits avant d'organiser une nouvelle forme.* T. Nathan (1991) définit le traumatisme pathogène comme *« un processus de métamorphose n'ayant pas débouché sur une affiliation ».* Toute technique traumatique repose sur l'idée que la totalité du développement du sujet, jusqu'à un jour déterminé (temps zéro), n'était que faux-semblant et n'avait compté que « pour du beurre », à la rigueur, qu'elle était une sorte de *gestation.* Les actes, pensées, interprétations qu'en avait le sujet sont invalidés d'un seul coup. Le sujet procède alors à un *véritable effacement de sa mémoire.*

Plusieurs auteurs ont décrit les effets du traumatisme d'un parent survivant sur la seconde génération. Dans une approche ethnopsychiatrique, Françoise Sironi (1991) démontre par sa pratique auprès de victimes de tortures comment les manifestations d'un traumatisme sont identiques chez les adultes et chez leurs enfants. Mais de surcroît, les enfants présentent une très grande perméabilité à l'angoisse des parents, et contrairement à leurs parents, ils ne sont pas dans l'évitement des situations traumatogènes. Sous la torture, les survivants ont été contraints de modifier leurs contenants de pensée (enveloppe). Il en est de même pour leurs enfants, témoins de la répression, à un moment où les contenants de pensée sont encore en pleine élaboration. Se référant à un de ses propres cas cliniques, elle décrit la transmission de l'effraction des enveloppes corporelles et psychiques d'un père de famille, sous l'effet de traumatismes subis. Parce qu'ils se voient dans le regard de leur père, les enfants sont pétrifiés, rigides, en réponse auxquels le père survivant tente d'ériger une barrière solide entre lui et l'extérieur, utilisant les enfants *« comme une peau »*, une carapace capable de colmater l'hémorragie. Toute cette famille, coupée de représentations culturelles, crée ainsi une sorte de *manœuvre* pour maintenir le cercle familial fermé, à l'image d'une frontière percée (délimitant usuellement le dedans et le dehors). Le phénomène d'*inversion* a été inscrit dans le corps de ce père de famille, sous forme d'ingestion/déjection, pollution, souillure. Le « moi familial » est alors devenu un organe malade. Les enfants sont figés,

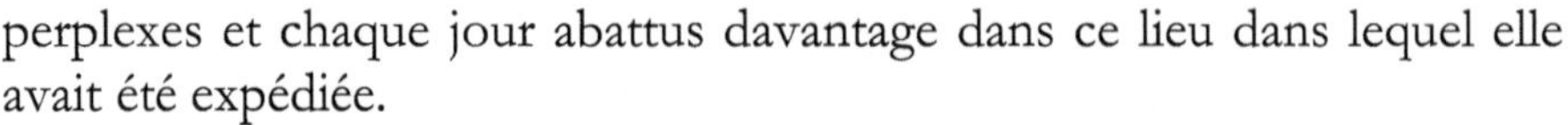

perplexes et chaque jour abattus davantage dans ce lieu dans lequel elle avait été expédiée.

bloqués, ils tentent de combler le contour de l'enveloppe déformée, transmise par le père : *Une structure a perdu son enveloppe.*

Nathalie Zajde (1996), dans une approche ethnopsychiatrique, de même, affirme que le fait traumatique perdure intact de génération en génération pour les survivants de la Shoah. Le survivant transmettrait essentiellement son *« identité négative »* à sa descendance, son aliénation, son sentiment d'insécurité, et non sa personnalité ethnique (Devereux 1970). Alors, du fait d'une impossible récupération, les descendants de survivants sont voués à être garants de l'événement traumatique.

Etant donnée la fixation au traumatisme des survivants, la clandestinité continue à agir sur les rescapés mais aussi sur leurs descendants, d'abord dans le champ social, quant à la représentation de leur place dans la culture où ils « survivent » encore, transplantés, mais aussi, plus fondamentalement, dans le champ psychique inconscient, du fait de l'irreprésentabilité des objets internes qui les constituent.

Pour la descendance, il ne s'agit pas de perpétuer mais de *traduire* cette histoire transmise. Sa responsabilité à assumer le sens violent de l'histoire, transférée par le survivant, est lourde.

L'enfer en héritage

« Tu t'es arrêté de parler et seul le silence t'a répondu. Mais ces mots, ces milliers, ces millions de mots qui se sont arrêtés dans ta gorge, les mots sans suite, les cris de joie, les mots d'amour, les rires idiots, quand donc les retrouveras-tu ? » [39]

Progressivement, il lui semblait devoir se forger, jour après jour, une nouvelle identité qui n'aurait plus rien à voir avec celle d'avant. Elle avait conscience qu'au retour de ce voyage immobile, de cet enfermement peuplé de monstres, de ronces, de plantes immondes, de violence indicible, si elle parvenait à définitivement en revenir, il lui serait difficile d'en conserver sa propre nature. Elle comprenait bien qu'il lui faudrait lutter avec trop de force, et que si toutefois elle y parvenait, il lui serait impossible de reprendre sa forme initiale. Elle serait certainement modifiée à l'extrême. Ce temps d'une réalité partagée entre les monstres et elle dura une année complète au bout de laquelle ils continuèrent leur action funeste, mais sous une autre forme. On lui demanda, au sortir de ce lieu d'épouvante qu'elle ne pouvait pas-même nommer, de ne rien dire à personne de ce qu'il avait pu se passer ici, sans explication.

Dans son corps effracté (n'ayant pu se frayer l'espace pour se protéger), dans ses pensées quotidiennes (les images horrifiantes, jour après jour, construisant leur nid au plus profond de son intimité naissante), la terreur, sur elle, était son pain quotidien à laquelle elle était contrainte de s'habituer.

Quel serait l'avenir de ces figures inhumaines en elle, si elle parvenait à sortir de ce ghetto ? De telles interrogations la questionnaient secrètement, et restaient sans réponse car dans ce lieu hautement organisé, il n'y avait pas d'interlocuteur pour essayer de comprendre et décoder cette forme de torture lente.

---

[39] Perec G. (1967) *Un homme qui dort* p. 113, éd. Folio Delanoël.

L'enfer en héritage

Aujourd'hui

« Ce qui m'arrive est impensable. Il existe nécessairement « un qui sait » habitant le « monde » où ce fait possède un sens, il existe nécessairement un groupe où « celui qui sait » partage avec d'autres les mêmes références, donc je suis nécessairement des leurs. » (T. Nathan, 1991).

Il arrive à Alicia de sembler avancer à tout petits pas, maintenant.

Va-t-elle atteindre le but ? Celui de son désir si éloigné et recouvert de tant de choses terrifiantes vues et entendues, un lieu qu'elle commence pourtant à percevoir, ce lieu perdu de vue très jeune, pourtant si proche de chez elle, un lieu peuplé d'images et de mots, les siens, non plus ceux de l'horreur transmise subtilement, répétée sous une autre forme.

Va-t-elle parvenir à rassembler les deux morceaux, celle qui observe trop et celle qui agit trop peu ? Va-t-elle sortir, au prochain printemps, sans effectuer sa lourde tâche habituelle, celle de camoufler la face cachée des fantômes hérités, ou encore emmitoufler leur laideur qui, à ses yeux, ne serait supportée si elle l'exposait à nu. Tout passant ordinaire l'écoutant serait, de toute évidence, ahuri, contaminé même ! Quel support pourrait contenir une telle masse d'images et de mots, si difforme, si effrayante ? Alicia se le demande secrètement, continuant à le chercher.

Si les envahisseurs intimes viennent encore parfois se nourrir de sa vie, de sa force, à leur arrivée, elle les reçoit maintenant avec indifférence, les gnomes maléfiques et pervers qui ne faisaient que répandre leur ombre sur la lumière de sa jeunesse et de son espace.

Depuis peu, en effet, elle commence, lorsqu'ils sont là, à tourner son regard ailleurs, à ne plus se laisser envahir. Elle tolère de moins en moins leur masse immonde, innommable, qui revient se coucher sur elle, encore parfois aujourd'hui. Non. C'est assez, aujourd'hui. Elle commence à le deviner, et à vrai dire, à s'y sentir prête maintenant : pour en venir à bout de ses parasites, il lui faudra les éteindre à son tour cette fois. Elle s'y prépare. Oui, aujourd'hui, Alicia peut commencer à supposer qu'ils finiront par se lasser : Le murmure des fantômes sera écrit ou dit. Elle peut se le dire, tout au moins commencer davantage à étendre son action humaine, suppléer leur présence en adressant à son entourage ses mots camouflés depuis si longtemps. Elle perçoit le bout du tunnel de sa lourde tâche.

> *« Tu remplaceras leur inhumaine et vague perception insolite, errante, revenant toujours s'imposer à ton quotidien, par la forme humaine de tes propres mots. Ainsi tu les extrairas de tes pensées car tu pourras les dire et les transformer en une réconciliation intime dans un langage socialement accepté ».*

A l'âge de vingt ans, il avait été demandé à Alicia de porter et revivre autant qu'elle eût pu le supporter, ce que les fantômes de l'histoire sans mots avaient provoqué sur sa mère, un ensemble d'évènements chargés d'une haine féroce à l'égard de l'humanité. Il fallait à la mère un petit exutoire merveilleux pour déverser le surplus encombrant. La mère l'avait là, à portée de main, ce petit réceptacle fragile qui d'ailleurs, souvent, tombait malade, unique moment où elle s'en occupait enfin. L'enfant était étonnée du surplus de bonheur maternel lorsqu'elle tombait malade, comme si seule la maladie en elle avait le droit d'exister. Etait-ce la mort que la mère cherchait à dominer ? Mais pourquoi ?
L'enfant se posait parfois la question.

Pourquoi n'avoir pas davantage œuvré contre ces bêtes immondes qui s'imposaient à Alicia ? Comment a-t-elle pu leur accorder une quelconque attention, une quelconque place ? Comment a-elle pu croire un instant que de cette férocité, face à laquelle son corps essayait de se refermer, elle pourrait peut-être y trouver quelque chose de bon ?
Comment peut-on croire que la destruction a quelque raison d'être bonne à entendre ?

Avec le recul des années, Alicia peut saisir maintenant que les gnomes étaient, bien évidemment, conscients du travail de destruction qu'ils lui tendaient au quotidien pendant un an, du traumatisme qu'ils induisaient en elle. Ils étaient conscients de ce qu'ils lui faisaient subir, ainsi que du temps qui lui faudrait pour s'en dégager. C'était leur fonction légitime, cependant. Ils ont souhaité empiéter sur son monde intime parce que, probablement, ils sentaient qu'elle pourrait supporter ce poids de torture psychique et physique. « Ils se nourrissaient d'elle, en deux mots » m'avait-elle dit, en souriant aujourd'hui, lors de notre rencontre.

Elle n'était pas la seule, dans ce lieu d'épouvante. Certains étaient là depuis des années, mourant à petit feu. D'autres ont fait le choix d'y laisser leur vie, choisissant de s'éteindre eux-mêmes. Une majorité n'avait pas le ressort individuel nécessaire pour tenter de s'opposer aux bourreaux.

Aujourd'hui, Alicia a beau s'avouer à elle-même et aux autres s'être trompée, avoir eu tort de laisser agir les gnomes pervers à un âge immature et vulnérable, elle ne peut encore intégrer tant de choses paradoxales et contradictoires : la violence reçue, les paroles maléfiques et confuses le plus souvent, allant à son encontre, accompagnées de gestes venant s'incruster dans son cerveau émotionnel encore en formation, dans son corps, allant la dégrader au plus profond. C'était le sort des arrivants dans ce lieu. Elle le constatait tristement.

> *« Je m'aperçois que je passais mes journées, au plus profond de moi, à me battre encore contre leur férocité incorporée en moi, comme gravée à jamais. Il était temps que je les mette en mots ».*

Beaucoup plus tard, en s'approchant de l'étayage authentique des traumatisés réels, en lisant ceux qui avaient vécu l'événement de la Shoah en direct, en s'inscrivant dans leur lignée aussi, Alicia a pu construire du sens, se rapprocher des mots adéquats, et se distancier de la destruction imposée et répétée sur sa génération : la troisième.

Oui, avec les traumatisés réels de la Shoah, ces rencontres vraies, Alicia a pu accéder et se rapprocher des choses et mots de la *réalité* historique mais aussi familiale. Ils sont devenus un point d'ancrage, en elle.

La face cachée des fantômes de la mère, peuplée du drame de la guerre sans mots transmis, la mère n'a pu l'affronter. Cette dernière a tenté d'introduire la part d'elle-même incomprise dans son enfant afin d'en faire correspondre les points énigmatiques saillants de sa personnalité. L'enfant devenait alors l'instrument privilégié d'une transmission subtile qui avait comme rôle principal de lui renvoyer en miroir ce que la mère n'avait pu construire ni accepter de son enfer intime qu'elle tentait d'évacuer, ainsi que son enfant épuisée, qui n'avait plus suffisamment de force pour continuer de maintenir ce qu'elle avait pu maintenir jusque-là : l'écran protecteur luttant contre l'empiétement de sa mère sur elle-même.

J.C. Snyders commente son attitude d'enfant de survivant, face à son père, ainsi :

> *« Peut-être, après tout, a-t-il eu raison de vouloir me faire souffrir. Peut-être est-ce moi qui ai eu tort de ne pas le laisser totalement faire, de tenter quelques efforts pour me défendre. Je ne peux être sûr que sa cruauté à mon égard ne soit pas justifiée. J'ai essayé de résister un peu, mais ne le ferai plus, une autre fois ; s'il revient, je sais que je ne chercherai pas à m'opposer à lui. Il m'achèvera, s'il le veut ; je n'ai plus aucun désir de le combattre »*[40].

Joseph décrit, de même, ses propres révoltes individuelles sous forme de violence dans la sphère sociale, à l'école, mais aussi en famille.
Il se remémore un conflit ayant eu lieu souvent qui l'anéantissait véritablement, les jours où, à plusieurs reprises, sa mère, une ancienne déportée, lui disait :

> *« Est-ce que j'ai quitté Auschwitz pour toi ? »*
> *« Ça me laissait sans voix. Par cette seule phrase, tout m'était enlevé. Ma vie entière. Comme si quelqu'un m'avait enfoncé une seringue dans le bras et avait ainsi aspiré toute la vie qui était en moi. Je n'étais rien. J'étais faible. Je suis faible en ce moment même en me le rappelant. Juste vidé. Elle a dit cela à quelques reprises. Quand la situation était cruciale et qu'elle arrivait à bout de sa résistance, c'est ce qu'elle disait. Puis elle s'effondrait et pleurait. »*[41]

J.C. Snyders décrit l'objet de son voyage : celui de donner sens à l'insensé.

> *« C'est tenter de voir ce que les nazis ont fait de toi, c'est te voir comme seules quelques rares personnes désormais peuvent s'en souvenir, comme tu voudrais ne jamais te le rappeler. Pourtant c'est bien ce que tu étais là-bas qu'il me faut regarder, sinon je ne comprends rien à moi-même ».*[42]

---

40 Snyders J.C. (2003) *Voyage de l'enfance.* p. 58, éd. Puf.
41 Epstein H. (2003) *Le traumatisme en héritage.* p. 175, éd. La cause des livres.
42 Snyders J.C. (2003) *Voyage de l'enfance.* p. 177, éd. Puf.

« Nulle malédiction ne pèse sur tes épaules. Tu n'as pas besoin de te tordre, de hurler (...) Nul ne te condamne, tu n'as pas commis de faute. Nul ne te regarde pour aussitôt se détourner de toi avec horreur. Le temps qui veille à tout a donné la solution malgré toi. Non, tu n'es plus le maître anonyme du monde, celui sur qui l'histoire n'avait pas de prise ». [43]

« Désormais, [tu] cherche à sortir de son piège, [comme un prisonnier, comme un fou dans sa cellule. Comme un rat dans le dédale cherchant l'issue. Tu parcours Paris en tous sens. Comme un affamé, comme un messager porteur d'une lettre sans adresse]. Maintenant, [l'indifférence est inutile]. Il faut sortir de l'orgueil de se croire le Maudit, de la vanité de se penser le Coupable : [nul ne te condamne et tu n'as pas commis de faute]. Il n'y a plus qu'à être un parmi d'autres et laisser [le temps, qui veille à tout] donner [la solution malgré toi]»[44].

Alicia pense, se sentant davantage rassemblée dans son désir, aujourd'hui, elle m'a remis lors de notre bref entretien quelques écrits :

« Je peux dire, avec toi, je suis dans ma peau retrouvée, reprenant ma place dans le monde, parmi les humains. Je veux bien quitter mes refuges, puisque tu me le demandes. Mais sache, ça me fait du bien de te le dire aujourd'hui, que ma peau a été comme une peau qui ne m'appartenait plus. Oui, je peux presque dire : j'étais comme dépossédée de moi, là-bas, où j'ai été expédiée. Alors, je me suis relevée avec un moi comme troué ou alors cassé en deux, qui a fait en sorte que je ne parvenais plus à trier les informations, celles que je souhaitais ou non intégrer, garder en moi, ne parvenant plus à distinguer le bon du mauvais, le vrai du faux, la vie de la mort.

Le monde extérieur et les personnes, là-bas, avaient la capacité d'infiltrer en moi des choses si étranges, que leur laideur parvenait à saisir un peu mon esprit, infiltrer des choses inversées de l'ordre habituel de la vie, c'est-à-dire des choses non vivantes, par tous les pores de ma peau. Au sortir de là, je n'arrivais jusqu'à ne plus même être capable d'établir un espace adéquat, une distance juste suffisante entre les autres et moi, afin

---

43 Perec G. (1967) *Un homme qui dort* pp. 142-143, éd. Folio Denoël.

44 Burgelin C. (1978) *Georges Perec* pp. 70, éd. Les Contemporains Seuil.

que l'on puisse se comprendre, s'entendre, parler normalement, comme je peux te parler maintenant, tout simplement ! Oui, tout ce qui fait que chacun a une sorte de paroi ou de membrane fine, délimitant son monde interne lui appartenant, de son monde environnant : le dehors, et bien cette petite frontière m'a été arrachée jour après jour, subtilement, volée, je peux dire. Je ne pouvais progressivement plus même penser, dans ce lieu, peut-être simplement « adhérer » : c'est d'ailleurs, je suppose, ce qu'ils attendaient de nous, entre autres choses dont je préfère ne pas te parler... Empiétée de leurs croyances et leurs certitudes, on peut dire, j'étais marquée dans mon corps. L'écoulement de mon énergie ne pouvait plus avoir lieu comme avant ce grave traumatisme. Il était appauvri, amoindri. Depuis ce temps où plus rien n'a pu me relier à ma vie d'avant, j'avançais alors, depuis cette rencontre avec le monde de l'horreur, comme abattue désormais, comme privée de mon corps.

Le corps est le premier objet que l'on offre au monde à la naissance, que l'on présente, tout petit, à sa mère, et dont elle s'occupe. Je me souviens du bonheur de ta mère à s'occuper de toi. Je l'ai devant mes yeux, au moment où je t'écris cela !
Je me réjouissais de ce tableau, je m'en souviens.

Aujourd'hui, tu me remets en contact avec mon vrai moi, mon *self*[45], disent les Anglais, afin de signifier la partie de soi (pour ce qui me concerne s'étant brisée, émiettée pendant de longues années), l'ensemble des petites choses, des détails susceptibles de nous relier agréablement à autrui, au départ par la mère ou son substitut, par le biais du regard, de la voix, de l'odeur, tout ce monde intime ayant perdu son sens, son langage, sa forme initiale, son ressort invisible, suite à des évènements trop lourds qui ne m'appartenaient pas et que je n'avais pas choisis.

---

[45] Denys Rybas (2000). D'après Winnicott, « *le self* se trouve placé dans le corps par nature ; toutefois dans certaines circonstances, il s'en dissocie ou vice versa. Le self reconnaît essentiellement son existence dans les yeux et l'expression du visage de la mère ainsi que dans le miroir qui en vient à représenter le visage de la mère. » Ce n'est qu'ensuite que « le self parvient à édifier une relation significative » avec les identifications issues des incorporations et introjections. Il est aussi sous l'influence des attentes des objets d'amour et en premier lieu des parents. Le processus aboutit à une réalité interne et vivante. "Donald Woods Winnicott." Ed. Puf.

Toi mon désir, tu es le seul à avoir les clefs, les codes secrets pour déceler les choses avant de leur apporter ta réponse, avant de t'exprimer librement. Tu as été contraint de t'endormir et te taire pendant toutes ces années, la réalité ne pouvant trop tôt se raconter au grand jour, faute de mots audibles par le monde extérieur.

Je te le dis aujourd'hui : ils ont échoué leur entreprise sur moi, les SS ou leurs dérivés, ceux qui ont leur forme d'esprit. Ce n'était qu'un « *faux-self* »[46], une partie éloignée de moi qui a été contrainte de se développer, une face que j'ai présentée au monde afin de continuer d'exister, dans une apparente soumission à l'environnement qui m'a été, je le croyais alors, longtemps imposée, mais contre laquelle cependant, je continuais ma lutte secrètement.

Aujourd'hui, celle qui fut contrainte de se plier à des demandes précoces et attentes d'adultes auxquelles elle n'a pu s'opposer, n'est plus présente là. Non, ce n'était pas la face réelle, celle qui a répondu en ce temps à l'environnement mortifère. Ma véritable face, celle qui a dû se cacher longtemps, c'est elle que tu retrouves aujourd'hui, et sur laquelle deux enfants ont grandi paisiblement, avec toi mon désir.

A l'âge de quinze ans environ, le monde sensoriel s'éveille à nouveau avec force, réactivant les premiers émois infantiles de l'enfant face à sa mère, qui se sont un peu endormis pendant la phase de latence, afin de s'ouvrir sur les apprentissages scolaires. C'est l'âge où tous les possibles sont optimums. Alors, la réalisation des désirs s'inscrit dans une mémoire déterminante pour l'avenir, se grave, laissant ses traces, parfois les plus précieuses. L'éveil de ton désir naissant me fascinait secrètement.

Mais face à cette jeune énergie partagée tout naturellement, le poids des SS, ce monde ayant construit cette organisation de victimes et de bour-

---

46 Denys Rybas (2000). *Le faux-self* résulte d'une apparente soumission aux empiètements inadéquats de l'environnement. Ce clivage fondamental de la personnalité entraîne une distorsion des échanges entre l'individu et l'environnement, ce dernier n'ayant accès qu'au *faux-self*. Pourtant le mécanisme initial qui aboutit au *faux-self* est un réflexe sain « qui gèle la carence » contenant l'espoir inconscient qu'une régression auprès d'un environnement adéquat permettra la reprise de la progression psychique. "Donald Woods Winnicott." Ed. Puf.

reaux s'est inscrit à ce moment, dans mon histoire transmise, je le pense aujourd'hui, et m'a contrainte à reculer devant mes désirs à savoir, la vie de ma propre peau, de mon souffle, mon mouvement, mon inscription dans le monde. J'ai dû mettre de côté les premiers mouvements de mon désir afin de m'approcher et décoder le langage d'une sorte de « non-place », une place liée à ma famille et son contexte historique, englobant et recueillant à mon insu les dégâts de la transmission de la Shoah.

Quelques années plus tard, on s'est retrouvés, toi mon désir et moi. Et je te retrouve aujourd'hui, comme je t'avais forgé, petite-fille, à la recherche de réalisations fortes et précieuses. Malgré ta quête si patiente et longue, sommeillait en toi un potentiel que tu n'as pu utiliser et développer jusqu'à ce jour, je le reconnais bien. Tu es né avec lui, et je peux te le dire : il reprend forme. Il émerge aujourd'hui. D'ailleurs, il a semblé ne pas bouger, depuis le temps que tu l'avais laissé de côté. Je reconnais ses traits saillants que tu avais laissés en friche, tout jeune. Une part de toi précieuse et entière, celle qui te constituait, avec laquelle tu avais grandi, tu l'as laissée à l'abandon de longues années, il est vrai, te camouflant dans un non-lieu, un lieu sans langage accessible pour moi. Ou peut-être n'as-tu pu continuer de lui donner vie, avant que l'on ne se retrouve, ce soir inoubliable, toi mon désir et moi.

Tu avais fait le choix de la confier, cette part de toi précieuse, à des figures qui m'étaient inconnues, dans un dialogue avec elles et une langue aussi qui me devenaient totalement inaudibles, et que je ne pouvais comprendre ni même, je dois te l'avouer aujourd'hui, ne le souhaitais. Alors, je t'ai laissé libre dans tes directions, même si elles me semblaient bien étranges. Je ne pouvais simplement plus t'accompagner ni te suivre dans ce lieu d'épouvante intime où, je le voyais, ils t'engouffraient, si jeune. Je percevais sur leur figure une cruauté, ainsi que dans leur regard, une cruauté sur toi, en tout cas. Je te le dis simplement aujourd'hui, car moi aussi, leur férocité encadrée de leur malignité me laissait sans mots. J'ai préféré ne pas m'en approcher plus près.

Tu es revenue ce soir, et l'on se retrouve, après la traversée que tu as accomplie malgré toi, je suppose. Non, tes traits n'ont pas bougé. Probablement n'as-tu pas pu avoir le choix d'en décider, de ce départ ? Savais-tu où ils te conduiraient ? Le fait qu'ils soient plusieurs, un groupe reconnu par une légitimité quelconque, sur toi si jeune, n'a pas dû te laisser beaucoup le choix, j'imagine.

Aujourd'hui, je te propose quelque chose : celle de cesser de nous laisser envahir par ce que l'on n'a pas choisi. Là, quand je te parle, je dois dire, je me parle un peu à moi aussi. Je dois te l'avouer, tu n'étais pas très en forme ce soir extraordinaire de ma vie où l'on s'est retrouvés. Mais qu'on se le dise maintenant, les erreurs de nos parents, car ils en ont fait, il faut l'avouer. Mais qui n'en fait pas dans ce monde parfois redoutable ? Je te propose ce soir de passer outre, oui, à partir d'aujourd'hui, à la fois pour eux, et pour nous. On n'a pas à porter le fardeau de l'histoire, ni à leur en vouloir. Aujourd'hui, je pense, vois-tu, que tes parents n'ont pu imaginer la dangerosité des actions graves et destructrices de ce minable groupe sur toi, si jeune. Ont-ils simplement été mis au courant ? Ils n'ont, apparemment, pu comprendre que l'histoire se répétait ainsi, à un niveau inconscient, et ce à ton insu. Probablement trop proches dans le temps de notre histoire récente de la Shoah, ils n'ont pu te protéger de la médiocre barbarie des gnomes, encore moins de leur pauvreté d'esprit. Non, ils ne l'ont pu. Restera-t-il toujours des groupes pour ériger le dicton : « L'homme est un loup pour l'homme ? » Probablement ! Mais viens, laissons-les, maintenant que tu as pu revenir à toi, inchangée, depuis le temps qui nous a séparés.

Je te parle beaucoup de mon histoire à moi, mais je me questionne sur la tienne. Et toi, as-tu pu continuer d'exister, pendant tout ce temps qui nous a séparés ? Maintenant que l'on s'est retrouvés, on peut parler de nos développements : le tien a sûrement été différent du mien. Qui es-tu aujourd'hui ?

On a tant de moments où l'on a patienté, de temps à rattraper. D'ailleurs, je préfère parler à la troisième personne, depuis ce grand espace qui nous a séparés, car, tu le vois, pour affronter cela, il a fallu que je me découpe en deux[47], à l'âge d'entrer dans la vie d'adulte, ce moment où toi mon désir et moi, on a été contraints de nous séparer pour de longues années : l'une de ces parties devenant « l'objet » de cet environnement maléfique duquel je n'ai pu me dégager en ce temps et qui a failli me tuer, et l'autre, je peux l'appeler le « sujet » qui a pu conserver un œil et un peu d'énergie

---

[47] Ferenczi a décrit le clivage du moi, comme n'étant pas un refoulement : « le sujet, en proie à une douleur extrême se dédouble, en quelque sorte, et se voit lui-même comme de haut, de très loin ». Il y a d'une part un je qui souffre mais ne sait pas, de l'autre un je qui sait, mais ne souffre pas. Ce dédoublement permet parfois, à la partie qui sait, d'adopter un comportement de compassion et de réparation à l'égard de la partie qui souffre, d'être un « nourrisson savant » M. Bertrand,(2002).

(celle que jeunes l'on avait construite ensemble) pour constater, puis tenter de me dégager de leur folie meurtrière sur moi, séparée de toi mon désir.

Oh ! Je me souviens et te répète une anecdote. Lorsque je suis partie de ce groupe que je compare toujours à des SS, l'un d'eux m'a dit en souriant, me regardant :

« Vous allez m'en vouloir ! Mais ne dites à personne ce que vous avez vu ici ».

Comment ce type de lien peut-il être souhaité par quiconque ?
Celui de dégrader au plus profond autrui.

Dix ans après ce drame intime, mes enfants sont nés : des miracles m'a-t-on dit. Oui, une femme m'avait dit :

« Après ce que vous avez subi, vous auriez pu ne pas pouvoir avoir d'enfant. »

Je suis arrivée à bien m'en occuper, les nourrir, les toiletter, leur offrir l'amour nécessaire d'une mère. J'ai pu cela, bien qu'une moitié de moi-même restât sans voix, à l'écart, souffrante et silencieuse, logée dans une crypte, cherchant à étouffer des cris : les cris d'une terreur passée transmise et revécue, il faut le dire maintenant. Cette face de moi-même, héritée du traumatisme familial, en côtoyait une autre, sans jamais la rencontrer, la face que j'avais pu sauver et que j'utilisais pour continuer de vivre, malgré tout.

J'ai pu donner la vie et contourner puis dépasser silencieusement, laissant à l'écart, la zone noire qui ouvrait ses fenêtres sur l'incompréhensible inhumanité, uniquement lorsque, trop fatiguée, cette dernière laissait échapper ses fantômes qui tentaient de revenir dérober, cette foi-ci, ma place de mère. Mais au fil du temps, leur ombre maléfique, la pauvreté de leur langage n'eurent plus aucun effet en moi. »

Mathilde

Mathilde est une jeune étudiante en théâtre. Elle est petite-fille d'un grand-père communiste survivant des camps de concentration lui ayant très peu parlé. La description de son grand-père est celle d'un « *bon grand-père qui a su se mettre à la portée des enfants, et celle d'un bon père, affectueux pour sa mère* ».

Les relations affectives n'ont pas été contaminées par la logique traumatique intentionnelle des SS :

> *Mon grand-père a toujours été très bien quand j'étais petite : on allait à la piscine ensemble, on allait au tennis ensemble. Il a su se mettre à notre niveau d'enfants, il ne nous a jamais montré quoi que ce soit. Il m'avait raconté une anecdote : il y avait, tous les matins, un Allemand qui donnait du lait à son chat et mon grand-père crevait de faim, c'était lui qui buvait le lait. Je ne sais pas où c'était, mais il m'avait raconté ça. Mon grand-père et ma mère avaient une très bonne relation.*
> *Je suis fille unique, c'est du côté de ma mère qu'il y a eu un déporté. Ma mère s'occupe depuis un moment de l'association.*
>
> *Je sais que mon arrière-grand-père était adjoint au maire, et que, de par son action politique, il a été visé par le gouvernement. Normalement c'est lui qui aurait dû être déporté. Il avait une association communiste qui s'appelait « Etoile Rouge ». Il n'a pas été arrêté : il ne se trouvait pas au mauvais endroit, au mauvais moment.*
> *Ils ont, à la place, trouvé mon grand-père chez lui, il n'avait pas la vingtaine. Il est resté dix-huit mois à Buchenwald. Il a eu son enfant en 1948, un fils d'abord, et après ma mère. Il a essayé d'en parler, juste avant sa mort, à son fils qui avait l'intention de faire un mémoire. Mais en fait, ça l'a beaucoup troublé.*

La mère de Mathilde n'a jamais quitté ses parents.

> *Je pense que ma mère a eu des séquelles. Hier, on était à l'association Buchenwald Dora et, en sortant, elle m'a dit : « C'est comme un vide en moi, il y a une partie de moi, de mon histoire où c'est le vide ».*

Aujourd'hui, mère et fille sont travaillées par le silence laissé en héritage, un silence qui prend une forme de vide ou de flashs, parfois. Ensemble, elles essaient de comprendre l'Histoire par le biais de l'association. Mathilde se décrit comme étant « un peu fusionnelle » avec sa mère.

Elle est habitée, comme sa mère, par « un point noir qui n'existe pas ». Elle décrit, de même, des angoisses qu'elle ne parvient pas à nommer, des images sans mots qui lui viennent parfois.

Mathilde a parfois des traces mnésiques, des images, dans sa vie quotidienne, lui rappelant des éléments de l'histoire de son grand-père survivant :

> *Ça m'angoisse parce que je me dis : « Qu'est-ce qu'il s'est passé ? »*
> *Parce que de ça, il y a toute une suite qui découle.*
> *Là, on a fait un spectacle récemment et il y avait un amoncellement de chaussures, et le but c'était de remettre paire par paire dans des petits carrés.*
> *Lorsque, par exemple, je vois des amoncellements de vêtements ou de chaussures, ça m'angoisse. Et quand j'ai vu cet amoncellement et après ces paires remises les unes à la suite des autres, j'ai du mal à exprimer ça, c'est plutôt des images comme ça, des flashs.*

Mathilde a, par ailleurs, des angoisses liées à des séquelles physiques :

> *J'ai des angoisses, enfin, je ne sais pas si c'est un fait établi mais souvent, on dit que les enfants ou petits-enfants de déportés ont des séquelles.*
> *Mon grand-père à lui, on a donné le typhus, on lui a donné des maladies, on lui a donné des piqûres, pour le stériliser. Oui, il a eu des expériences, il n'y a pas été. En fait, il y avait un nombre de piqûres, je crois que c'était trois, il en a eu deux. Suite à cela, j'éprouve une angoisse de ne pas avoir d'enfants, par exemple, parce que souvent, il a été dit que par rapport à toutes ces expériences, il y aurait des séquelles sur les générations à venir : des enfants mal formés et des choses comme ça.*
> *Je pense qu'il a été marqué mais il intériorisait. Vraiment, il était pour sa fille un bon père et pour moi un bon grand-père, un très bon père. Il avait des peurs. Par exemple, il avait peur des chiens. Il a fait des cauchemars. Mais moi, il ne m'en a jamais parlé. Il n'a pas oublié tout ça mais je pense qu'il a pris sur lui.*
> *Justement je me demande pourquoi aussi comment les gens réagissent dans les autres familles.*

Marco

« J'ai été le fils et le témoin, ou le confident »

De même, Marco, trente ans, est membre d'une association d'anciens déportés. Fils aîné de la famille, il est le frère d'Olivia et de Jade. Il a fait un mémoire sur les camps de concentration de son grand-père résistant communiste, moment clé dans son histoire familiale.
Il est aujourd'hui professeur d'histoire.

Bien souvent, ce sont les enfants, ou plus souvent encore les petits-enfants qui entament et propulsent le moment du travail de mémoire familiale. Alors, les mères peuvent suivre le mouvement de leur enfant, comme si un renversement de génération avait lieu, pour reconstituer l'énigme familiale, pour mettre des mots sur l'évènement traumatique.

Du fait, en effet, du mémoire de maîtrise d'histoire de son fils, la mère de Marco, une enfant de survivant, s'est, elle aussi, mise à beaucoup s'impliquer dans l'histoire de son père, avec la rédaction d'un *Mémorial de tous les déportés de Buchenwald.*
Elle avait « des comptes à régler », selon Marco.

Marco décrit l'image de son grand-père décédé lorsqu'il avait vingt ans, une grande figure d'identification pour lui :

> *Quelqu'un d'exceptionnel. Parce que c'est quelqu'un qui a fait un choix ou pas un choix, parce que quand on est jeune, on fonce sans réfléchir. Mais il s'est engagé pour des causes dont il connaissait les conséquences : arrêté à plusieurs reprises, il a continué quand même ; il a montré un exemple de conviction, il faut avoir des idées, s'engager, par moments. Un héros, à la fois un héros et peut-être un modèle aussi.*

La transmission s'est effectuée d'emblée, au niveau de son identité personnelle et professionnelle :

> *Je fais de l'histoire, c'est pour ça. Plutôt en termes d'héritage, peut-être de mission, le besoin de transmettre le message qu'ont transmis les survivants. Pour moi, ça fait partie d'un devoir familial de mémoire à transmettre. Tous*

ces gens qui ont péri dans le système concentrationnaire, je me dois d'en parler, si vous voulez c'est ça, je me dois d'en parler mais en tant que témoin direct, témoin d'un savoir ou témoin d'un témoin. J'ai des secondes et des terminales. C'est l'occasion d'aborder les camps de concentration et d'extermination. J'avoue là, c'est vrai, c'est le seul moment où j'utilise effectivement cet exemple personnel en classe. Mais c'est pour moi, au contraire une sorte d'hommage, non pas pour moi un exutoire.
Il avait la vingtaine quand il a été déporté. Il ne dormait plus, il était devenu insomniaque. Les journées devaient être spéciales : il m'emmenait au cinéma comme ça je pouvais choisir les films que je voulais : là, il pouvait dormir enfin.

La mère de Marco s'est donc investie, à son tour. Marco perçoit les difficultés de sa mère et les décrit ainsi :

Après mon mémoire, ma mère s'est investie, il a fallu du temps. Elle-même avait des choses à régler avec ses parents, dans le sens où elle n'a pas été élevée par eux, mais par ses grands-parents. Elle s'est investie puisqu'elle a fait le mémorial. Elle écrit dans le journal : elle était vice-présidente. Non, je pense vraiment qu'eux, ils ont vécu pour eux, ils ont une fille qu'ils ont dû aimer, mais ils ont fait leur vie. Après, ma mère a eu des problèmes de santé étant jeune. Elle était éloignée dans un établissement spécialisé, encore un éloignement forcé, elle était fragile oui, petite. Ma mère, ils ne l'ont pas considérée en tant que fille : je ne saurais pas dire : elle ne m'en a jamais parlé. Mon père a encouragé ma mère à faire toutes ces démarches : il l'a soutenue là, justement. Là, elle a fait sa part pour la déportation, pour la famille.

Très jeune, Marco a été imprégné de l'atmosphère de l'histoire de son grand-père. Comme Mathilde, il parle de « flashs » qui lui reviennent.

Moi, si j'ai fait de l'histoire c'est, je pense, par rapport au fait que petit, j'étais tout le temps avec mon grand-père qui me parlait tout le temps de ça et que ça m'a vraiment marqué. Je me souviens, franchement enfin, le mercredi, c'était toujours pareil. Le matin, soit on allait à l'association, soit on parlait après. Le matin, on baignait là-dedans et après, soit je choisissais le film et on allait au cinéma l'après-midi : c'était le rituel. Avec lui, je voyais des anciens déportés. Je pense, mais j'ai des flashs ! De six à dix ou douze ans, c'est sûr que ça guide.

La mémoire à transmettre pour Marco est essentiellement un traumatisme familial, à l'inverse du traumatisme collectif des juifs.

Pour moi, c'est un honneur de pouvoir perpétuer sa mémoire comme ça, pouvoir le présenter comme le héros, que moi, je qualifie. La souffrance, pour moi, ce n'est pas celle d'un peuple comme celle des juifs, mais c'est celle d'une personne.
Lui, il a été déporté pour son engagement politique parce qu'il était résistant, pour avoir, à l'âge de vingt ans, fait des choix, risquant sa vie pour des idées.

La plupart des juifs, qui ont été déportés, ils ne l'ont pas choisi, ce n'était pas par rapport à un engagement, c'était pour le motif d'être nés juifs. Et du coup, à mon avis, dans le vécu familial, ce n'est pas le même vécu.
Sur le traitement sur place aussi, la plupart des déportés politiques étaient quand même aiguillés vers les camps de concentration où le taux de mortalité était épouvantable, on mourrait, c'était une mort lente mais pas cette mort industrielle comme les camps d'extermination.
Si vous voulez mon grand-père n'a jamais insisté sur les horreurs. Moi, il m'a toujours raconté des anecdotes en parallèle (…) Des moments de hasard qui font que, et c'est moi du coup, ce qui l'en est resté après, par rapport au travail que j'ai fait : bien sûr, j'ai saisi l'horreur. Et dans les témoignages que j'ai lus, j'ai vu que ce qu'avait ressenti mon grand-père, ou ce que lui avait mis en avant, mais peut-être aussi pour nous cacher tout le reste. Je pense. Il a écrit, reconstitué son parcours personnel, tous ceux qui ont écrit, oui, par rapport à ce témoignage, c'est vous après qui pouvez regrouper.

Par rapport à son père, Marco décrit son propre lien fils/père :

Il s'est fait tout seul. Alors, avec l'amour de ses parents, je suis admiratif du fait que par volonté, ténacité, travail, il ait réussi parce que, quand on part fils de femme de ménage et d'ouvrier polonais et ce, dans les années soixante. Je pense qu'il a été envoyé en Allemagne dans les usines, dans le cadre du STO. On n'est pas sûr. Mon père n'en a pas parlé. C'est dur : ce n'est pas collaborer parce que c'était forcé. Mais dire : « j'ai travaillé pour les Allemands », je pense que ce n'est pas pour lui un sujet souvent abordé. Donc voilà l'image que j'ai de mon père : héroïque aussi, mais pas pour les mêmes raisons. Il est fils de Polonais, il a été élevé par ses parents qui ne parlaient pas français. Il est devenu médecin. Ils habitaient à trois, quatre, cinq dans la même pièce. C'est en ça qu'il est héroïque, mais vraiment pour des raisons complètement différentes de la déportation.

Comme Rébecca, Marco a intégré la déportation de façon très omniprésente, obsédante :

> *Mon grand-père a une place à part, c'est sûr. Je ne les mettrais pas sur le même plan, en fait. Je ne sais pas, mon grand-père, il n'est pas sanctifié parce que le terme ne serait pas adéquat, mais c'est sûr qu'il est présent en moi oui, tout le temps, tout le temps, tout le temps !*

Il aborde quelques difficultés à son adolescence où une forme de violence a ressurgi. A l'âge de vingt ans, l'âge où son grand-père avait été déporté, Marco, confident précoce, a quitté la maison, non sans culpabilité :

> *J'ai eu une adolescence très difficile, des affrontements presque physiques : une incompréhension totale. Une bonne crise d'adolescence où vos parents sont les pires du monde, où ils ne vous comprennent pas, ils vous empêchent de tout faire, etc.*
> *A vingt ans, jour où je suis parti, je me rends compte que j'ai eu tort.*
> *Aujourd'hui, je me rends compte que j'ai eu tort. De mon côté, cette crise est dépassée oui. De l'autre, je ne sais pas si je ne leur ai pas fait trop de mal, parce que j'ai été dur dans mes propos, dans mes gestes.*

Marco est conscient de la charge de la mission qu'il a acceptée de porter, sans hésitation.

> *Notre exemple familial, pour moi, ça a sauté une génération. C'est-à-dire que tout ce que mon grand-père n'a pas eu comme relation ou discussion sur cette période-là, justement, il l'a eu avec moi.*
> *Effectivement, j'ai été et le fils et le témoin ou le confident. Moi je vous le dis, je ne l'ai jamais vu ainsi : je l'ai vu passionné, parler fort, à être de mauvaise foi, mais je ne le mettrais pas en relation. Il était connu dans les associations de résistants : il était quelqu'un d'actif par rapport à ça : il allait dans les écoles, il était engagé pour en parler. Mais moi, si vous voulez, moi j'ai été gâté pourri par mes grands-parents. En plus j'étais le garçon : Mes grands-parents avaient perdu leur garçon ; il est mort très jeune après les camps, puisqu'ils se sont mariés après-guerre : Il est mort à trois jours.*
> *Je suis fier de mon grand-père et je suis fier de continuer à ma façon.*

Benigno

« Il n'y a jamais eu de sujets tabous »

Benigno, trente ans, est l'aîné de deux frères, il est célibataire et comptable.

Dans sa famille, les choses ont été dites, il n'y a pas eu de sujets tabous. Benigno éprouve une vive sympathie envers son grand-père résistant déporté. La déportation n'a pas semblé lui poser trop de questions particulières, ni de traumatisme transmis : elle fait partie de son histoire familiale avec laquelle ils vivent tous, s'exprimant beaucoup.

> *En fait, je pense que mes parents ont essayé de me transmettre dans les bonnes doses ce qu'il faut.*

Benigno m'a raconté son histoire familiale :

> *Mon grand-père maternel s'est fait arrêter : il s'était engagé dans la Résistance. Il a triché sur son âge : il a dit qu'il avait dix-sept ans. Il s'est fait arrêter par les Espagnols qui l'ont dénoncé aux Allemands. Mes grands-parents se sont mariés au retour des camps de concentration très jeunes.*
> *Mon grand-père est toujours vivant. Il a eu mon oncle après les camps de concentration, après il est parti en Indochine et après, il a eu ma mère. C'est ma grand-mère qui les a élevés. Elle n'était ni juive ni résistante. Enfin, résistante, je pense que tout le monde l'était, mais ça dépend à quel degré.*
>
> *Il a quatre-vingt-six ans, c'est un arrière-arrière-grand-père. Moi, j'ai trente ans, je suis athée.*
>
> *Il en parle, parce qu'il a été dans les écoles : il a fait des exposés. A sa famille, il en parle quand on lui pose des questions essentiellement parce qu'il a eu des séquelles : il a eu la diphtérie, je crois, en fait il a eu beaucoup de maladies, il pesait trente kilos quand il revint, pour un mètre quatre-vingts. Ils ont eu de la chance que mon oncle naisse, parce que je crois vraiment que c'était risqué : il avait la diphtérie avec la maladie qu'il avait, oui, il risquait d'être contaminé, de contaminer les enfants.*

Benigno n'est pas particulièrement engagé dans une cause. Il a effectué un voyage.

> *J'avais douze ans. Tous les ans, l'association organise un voyage à Buchenwald, les cabanes n'y étaient plus. Il y avait les chambres à gaz, les fours crématoires : ils montraient comment ça se passait, des photos, c'est dur. Non, forcément, c'est dur. Quand j'ai vu ça, j'avais douze ans. Je sais que j'ai posé des questions. Il y avait pas mal de jeunes.*

Comme Corinne et pratiquement tous les sujets de cette étude, Benigno exprime sa position vis-à-vis du racisme :

> *Au niveau du racisme, ça, je ne peux pas, j'ai dû mal à supporter. Il faut transmettre un peu ce qui s'est passé. Il ne faut pas recommencer. Que ce soit les Allemands, que ce soit les Français ou les Arabes, les musulmans. En Irak, c'est un autre problème mais, quand je vois ce qui s'est passé en Yougoslavie, il y a eu exactement la même chose : des camps de concentration. Oui ça m'énerve. Ça veut dire que l'homme est capable de pas mal de choses, de bonnes comme des pires : c'est partout pareil.*

Benigno insistera beaucoup tout au long de son entretien sur le fait d'avoir pu parler et laisser parler leur grand-père, lorsqu'il en avait besoin, de son expérience concentrationnaire. Cela a semblé faciliter grandement l'atmosphère familiale :

> *Avec mes grands-parents, il n'y a jamais eu de tabous. Justement, même à propos du racisme, parfois je me fâchais avec mon grand-père, mais on en parlait. On parle de sexe, on parle de religion, on parle de tout. Ils sont très ouverts. Je pense que c'est justement suite à ça : quand on veut parler de quelque chose, il faut en parler : il faut éviter les sujets tabous. On en parlait vraiment, quand l'occasion venait. Si vous n'en parlez pas à mon grand-père, il ne va pas vous en parler. On rit beaucoup avec lui mais quand il veut parler de ça, on le laisse parler. Il aime bien rire, nous aussi, mais quand il veut en parler, on le laisse en parler. C'est lui le chef de famille : on l'écoute. Il savait qu'en s'engageant dans la Résistance, on fait un choix, et on sait très bien que quand on se fait prendre, je vois ça comme ça : si on se fait prendre, il y a des risques. Donc, non je pense qu'il n'était pas non fier de se battre pour la France, il était surtout content de revenir. Mais je pense qu'il était content de se battre pour la France. Ils ont évité tous les sujets tabous : ça facilite. Et puis, on n'oblige pas les gens à parler. S'il voulait en parler, on l'écoutait. On pouvait dire si l'on était d'accord ou non, ce*

que l'on voulait, on avait le droit. C'est pour ça que je n'ai pas été vraiment gêné. Je suis fier de ce qu'il a fait.

Contrairement à certains petits-enfants l'ayant exprimé, mais de la même façon que Jessica, Benigno n'avait pas besoin de connaître davantage de détails concernant son grand-père, il pouvait facilement imaginer les choses, cela lui suffisait.

> *D'après ce que dit ma grand-mère, il fait encore des cauchemars la nuit. Il en parlait quand il avait besoin de faire des expositions mais sinon, moi, je n'ai pas cherché à lui poser des questions fortes. Je n'avais peut-être pas envie de savoir. Ça je ne sais pas. Mais je m'imaginais très bien ce qu'il avait vécu et donc je n'avais pas besoin.*
> *Il s'est battu donc il savait très bien ce qu'il risquait. S'il y a des questions, il peut toujours répondre mais c'est vrai qu'il fait toujours des cauchemars. J'ai l'image d'un homme, on ne peut pas dire qu'il a eu une jeunesse mais celle d'un homme fort, très fort, très intelligent et dès que j'avais un problème quelque part, c'était lui que j'allais voir.*

Benigno décrit la place particulière de son grand-père dans son éducation, où la communication circulait librement, ce qui n'enfermait pas l'atmosphère familiale dans un conflit indicible peuplé de fantômes.

> *Mon grand-père a eu une place. Mes liens avec mes grands-parents étaient très forts parce que je n'avais pas le conflit père-fils.*
> *Là oui, avec mon père je l'avais, je l'ai, je l'ai eu.*
> *Mais quand j'ai des questions, quand j'ai besoin d'avoir des renseignements, des conseils, je vais voir mon père maintenant. Mais sinon, c'était vraiment mon grand-père. C'est lui qui commandait la famille, quand on avait quelque chose à faire.*
> *Je ne l'ai jamais vu dépressif, au contraire. Il se battait. Il s'est toujours battu. Très combattant mon grand-père, jamais il ne s'est laissé abattre. Ça fait partie de l'histoire : on vit avec. Et puis ma mère aussi. Si mes parents avaient vécu la même chose, je pense qu'ils auraient fait pareil que mon grand-père.*
> *A l'adolescence, j'étais très fâché avec mes parents, et maintenant ça va beaucoup mieux.*
> *Je pensais que pour tout le monde ça s'était passé ainsi. Tout ce qu'il pouvait nous donner, il nous l'a donné. Il n'aimait pas l'armée. Mais il a été aussi en Indochine : il ne parle pas de l'Indochine, il ne parle que des camps, peut-être parce que ce qu'il avait vécu, il l'a fait en Indochine.*

Jade

« Une histoire familiale »

Jade, étudiante en hypokhâgne, a vingt ans lorsque je la rencontre. Elevée comme sa sœur Olivia, à la Légion d'honneur, du fait de la Résistance de son grand-père survivant de Buchenwald, c'est à partir d'une « image figée », dit-elle, par rapport au reste de la vie de son grand-père, qu'elle a fait le choix de se construire personnellement, cherchant à construire du sens.

Jade n'a pas pu parler beaucoup à son grand-père, décédé lorsqu'elle était petite-fille.

> *Dans la relation avec ma mère, c'est un élément important parce qu'on en parle beaucoup. Je sais qu'elle n'en a pas parlé autant avec mon frère et ma sœur. Je suis la plus jeune, je suis celle qui a connu le moins mon grand-père et me suis toujours intéressée à savoir d'où je venais, qui était ma famille. J'ai beaucoup questionné ma mère, à ce sujet, et comme la déportation est une part importante de la vie de mon grand-père, c'est un sujet fréquent de conversation.*
>
> *Elle parle peu de sa vie à elle. On parle plus de la vie de mes grands-parents. Entre nous, on échange beaucoup là-dessus.*
>
> *Mon grand-père est mort quand j'avais dix ans : il paraît que ça m'a beaucoup marquée mais je l'ai peu connu. Ça m'a beaucoup manquée, donc j'ai peut-être essayé de chercher plus ce qu'il avait vécu. La plupart des souvenirs et images que j'ai d'eux, je pense que c'est de la reconstruction que j'ai faite, après, en fonction de ce qu'on m'a raconté.*

Jade éprouve un soulagement, qu'elle décrit comme un « lien particulier » lorsqu'elle se rend à Buchenwald, un lieu qui lui parle, où elle peut se recueillir et trouver des réponses :

> *Je suis allée deux fois en Allemagne, à Buchenwald. J'aimerais y retourner. Je ne sais pas, il y a un lien particulier. Je parle beaucoup plus avec lui à cet endroit-là que je ne parle devant sa tombe parce que c'est un endroit qui n'est qu'à lui, qui ne représente que lui, et donc j'arrive, c'est là que je peux communiquer avec lui en quelque sorte. J'ai beaucoup parlé à mon grand-père après sa mort, enfin je faisais comme s'il était dans la pièce à côté de moi et que je pouvais lui dire ce que j'avais envie de lui dire, puisque je n'ai pas pu parler avec lui quand il était vivant. Après, j'ai beaucoup parlé avec*

> *lui et bizarrement, l'endroit où j'arrive le plus à parler avec lui, c'est devant les ruines du bloc 34.*
>
> *Je sais que, parfois, j'ai un peu honte de ça : moi quand j'y vais, je suis contente et que peut-être, je trouve ça beau et c'est une sensation bizarre, intéressante et quelque part, je suis soulagée.*
>
> *Enfin, quand j'y retourne, c'est comme si je revenais. C'est bizarre de dire ça : Comme si je revenais de quelque part où je dois aller. Je sens que dans ma vie, j'ai, j'aurai besoin d'y retourner plusieurs fois. C'est vrai que c'est un lieu, j'ai vraiment envie d'y retourner. C'est une association d'anciens déportés qui ont justement le besoin de transmettre, comme mon grand-père dans les lycées. Mais autant à Buchenwald, je suis contente d'y retourner, mais Dora, c'est horrible.*

Sa mère n'a pu être élevée par ses parents :

> *Ma mère a été élevée par ses grands-parents. Mon grand-père était très impliqué dans son engagement politique communiste et, en tant qu'ancien déporté, je sais qu'il avait des fonctions importantes dans certains journaux syndicaux. Il avait donc un engagement très fort, si fort que ma mère me dit qu'il a négligé toute vie à côté, y compris sa vie affective avec ma grand-mère, vraisemblablement parce que mon grand-père ne pouvait pas assumer. Il ne s'investissait pas dans la vie familiale et affective et donc à la maison, ma mère aurait eu plutôt l'impression de gêner. Ils se voyaient pendant les vacances, le week-end, mais ne vivaient pas ensemble. Ma mère n'avait pas beaucoup de liens avec ses parents.*

Jade parle beaucoup de sa mère fortement investie dans la recherche d'un lien à son père avec lequel elle n'a pu communiquer, du fait du traumatisme de la Shoah.

Comme elle, c'est à partir de l'image de son père survivant de Buchenwald que sa mère a investigué toute sa recherche afin de s'inscrire dans une filiation, par le biais du traumatisme essentiellement.

> *Ma mère travaille dans une association d'anciens déportés où elle a été après la mort de mon grand-père pour justement essayer de s'investir et d'avoir un lien avec son histoire en fait. Dans cette association, elle s'est rendu compte que beaucoup d'anciens déportés, déjà, n'avaient pas parlé à leurs enfants mais parlé plutôt à leurs petits-enfants, et qu'ils avaient eu des enfants et*

qu'ils avaient une vie familiale et qu'ils avaient l'air d'être moins, peut-être, moins investis avec la première génération, mais en tout cas, ils avaient l'air d'être présents, enfin peut-être pas aussi distants que mon grand-père l'était.
Ma mère a eu une vie avec des hauts et des bas avec une histoire particulière mais oui, normale, mais je pense que ça l'a beaucoup marquée.
Enfin, le fait de ne pas savoir l'a marquée encore plus.

Moi je lui pose beaucoup de questions, et elle me parle de son père et je sais qu'avec cette association, elle établit des liens avec des gens qui l'avaient connu, elle a pu avoir des témoignages sur : « Comment il a vécu dans le camp ? », des petites anecdotes, ce genre de choses. Ça lui a fait du bien. Elle a cherché à renouer avec son père par cette voie-là. Elle n'a pas choisi d'autres voies. Elle n'a pas choisi d'aller voir les milieux communistes. Elle s'est plutôt intéressée à son père en tant que déporté et moi, ce qu'elle me donne, c'est l'histoire de son père en tant que déporté. Il n'est plus le père, comme si l'image aussi était plutôt figée dans la déportation par rapport au reste de la vie.

Dans la transmission, Jade se demande qui elle aurait été dans la même situation.

Le fait d'être « à la hauteur » est une position/question que plusieurs petits-enfants ont mentionnée, se sont posée :

C'est lourd d'avoir un grand-père déporté dans le sens où je me demande toujours si je serais à la hauteur en quelque sorte. Je me demande si moi, dans la même situation, je serais capable de faire de la Résistance, de m'engager, de risquer ma vie et de me dire :
« Est-ce que je serais à la hauteur de mon grand-père ? »

Jade décrit l'insistance de sa mère, face à ses enfants, afin qu'ils se rendent sur les lieux du traumatisme à Buchenwald :

Ma mère n'a pas mis un poids sur nous. Elle a pris sur elle, à mon avis. Elle, sur quoi elle a insisté beaucoup c'est sur le fait qu'on aille à Buchenwald, qu'on aille voir. Au départ, elle voulait elle qu'on y aille, enfin, moi je sais qu'elle voulait que j'y aille, enfin j'étais d'accord mais c'est vrai qu'elle a beaucoup insisté. Elle insiste pour que mon père y aille. Et elle insiste pour que ma sœur y aille : elle n'y a jamais été, elle a insisté aussi pour que mon frère adhère à l'association Buchenwald Dora et commando, et elle insiste beaucoup pour que moi aussi j'adhère.

Quand ma mère était très active dans l'association et qu'elle rédigeait son mémorial où elle a répertorié tous les noms de ceux qui sont passés à Buchenwald avec les dates, les commandos, où ils sont allés après, d'où ils venaient, s'ils sont morts là-bas, enfin, elle a rédigé ça. Elle le considère comme son devoir de mémoire, c'est vraiment son œuvre enfin, l'œuvre qu'elle devait réaliser pour être quitte avec son père en quelque sorte. Elle le dit elle-même. Elle lui en veut qu'il ne lui ait pas parlé de la déportation et de ce qu'il a vécu. Elle a beaucoup souffert du fait qu'il ne lui parle pas.

J'étais trop jeune, j'avais onze ans, je pense qu'il considérait peut-être que j'étais trop jeune. Mon frère a onze ans de plus que moi et, en plus, il s'intéresse beaucoup à l'histoire. Déjà petit, il se faisait garder par mes grands-parents, moi jamais.

Mon grand-père et ma grand-mère ont toujours beaucoup favorisé mon frère mais s'ils ont autant favorisé mon frère, c'est parce que ça a sauté une génération, c'est l'enfant, le fils qu'ils n'ont pas eu, le fils qui est mort.
Ma grand-mère parlait très peu de l'accouchement : elle l'appelait « le petit garçon», et mon grand-père n'en a jamais parlé.

Contrairement à la famille de Benigno, le thème de la déportation était très omniprésent.

Au moment où elle travaillait sur son mémorial, elle en parlait beaucoup. La vie tournait autour de ça : j'avais l'impression qu'on parlait à tous les repas des déportés, des déportés, tout le temps, tout le temps ! Et j'avoue que j'en pouvais plus.

Au niveau de la construction de son identité, Jade s'est d'emblée située dans la transmission de l'histoire de sa famille maternelle, incluant sans hésitation le traumatisme de la Shoah comme un élément sur lequel se bâtir, un héritage psychique ayant empiété sur la place de son père.

J'ai toujours voulu que les autres sachent autour de moi qui était mon grand-père, c'est important, ce qu'il avait fait. J'en suis très fière et je suis fière que les gens sachent qui était mon grand-père, on va dire : je viens de lui, quelque part, je tiens de lui.

Si je vois l'histoire de ma mère, elle est pratiquement entièrement mangée par l'histoire de mon grand-père, enfin l'histoire de sa famille.
Quand je regarde des photos de mon grand-père jeune, je trouve qu'il me ressemble beaucoup. Je trouve que je ressemble plus aussi à mon frère qui ressemble plus à ma mère dans le caractère, dans la mentalité, beaucoup plus. Il a une personnalité plus forte que mon père.

J'ai toujours voulu faire partie de la famille et m'inclure, et ressembler à mon frère aussi.
Mais ma sœur, elle, elle n'était pas trop bien. Je n'ai pas l'impression qu'elle ait essayé de savoir oui, quoi que ce soit. Elle n'a jamais posé autant de questions que nous.
Moi, plutôt que de me battre contre cette image de la déportation qui était quand même assez forte, assez présente, il y a deux solutions : ou je rejette tout, ou j'accepte tout. Je pense que j'ai construit mon identité en fonction de ça. J'ai décidé d'en faire une part intégrante et une part importante pour survivre, quelque part être à égalité avec eux deux.

Ma mère, ma grand-mère, non seulement elle ne s'est pas occupée d'elle, comme mon grand-père, mais en plus, elle n'avait pas l'excuse comme l'engagement : peut-être qu'elle n'avait pas envie, pas le temps. Ils avaient une vie organisée où il n'y avait pas la place pour un enfant. Je pense qu'ils l'aimaient c'est tout, de temps en temps.

Elle décrit le lieu de son enseignement scolaire, du fait de l'engagement de son grand-père dans la Résistance :

J'étais dans une école un peu particulière : la maison d'éducation de la Légion d'honneur où j'ai pu entrer grâce à mon grand-père qui a eu la Légion d'honneur donc par le fait de la Résistance. Donc, en quelque sorte, mon éducation, elle me vient aussi de mon grand-père.
La Légion d'honneur, c'était plutôt des familles catholiques et de tradition militaire plutôt que des résistants communistes, enfin, ce n'est pas le même univers. Mais plus je grandis, je suis en hypokhâgne, et plus je rencontre des gens ayant un certain bagage culturel, donc, ils savent ce que c'est, mais c'est vrai qu'il y a des moments enfin, il y a des gens qui ne savent pas trop comment marche le système concentrationnaire.

Comme François, elle s'étonne de l'enseignement tronqué de la Shoah qu'elle a reçu et qui la révoltait, venant de ses professeurs :

> *Même au lycée, il y avait des profs, enfin je trouvais qu'il y avait des choses aberrantes. Ça m'énerve beaucoup quand on dit des choses aberrantes Je ne connais pas parfaitement l'univers concentrationnaire, mais ça m'énerve quand on dit des choses fausses, que je suis sûre qu'elles sont fausses, sur la quantité de nourriture. Il y en a qui disent qu'ils avaient du beurre tous les jours ou de la viande ou de la soupe… Enfin un peu dur !*
> *Malgré tout, c'est une histoire personnelle pour moi. C'est mon histoire et j'ai du mal à l'associer à un phénomène mondial. Voilà, c'est quelque chose de familial pour moi.*
> *J'ai envie de m'engager : je me dis que je peux lutter pour faire quelque chose de mieux et pas que ça recommence : le Front national c'est dur. J'ai envie de perpétuer en quelque sorte des buts enfin, en même temps, plus général, pour que le monde soit meilleur, parce que ça, la déportation c'est un phénomène pour moi, à mon avis très grave. Mon grand-père n'a pas réussi à transmettre quelque chose à sa fille, peut-être parce qu'elle était trop proche de lui, mais il a essayé de transmettre, et je sais qu'il allait donner des cours dans les lycées, donc il arrivait quand même à s'exprimer avec les autres, et sûrement avec mon frère, mais pas avec moi et ni avec ma mère. Mais elle aurait tellement voulu l'entendre raconter lui-même sa vie. A mon avis ça lui a beaucoup manqué, ça lui a beaucoup manqué.*
>
> *Les souvenirs que j'ai de mon grand-père, ils sont liés à la déportation par exemple, il est mort le 4 avril, donc j'étais à son enterrement, peu après il y a eu le 10 avril qui est la libération des camps et on a été à des cérémonies et ils ont joué* Le chant des partisans *et depuis, je ne peux pas écouter* Le chant des partisans *sans pleurer parce que pour moi, c'était la cérémonie d'enterrement de mon grand-père. Je les ai associés : toute commémoration du camp c'est une commémoration de mon grand-père.*
> *Je pense qu'on est, enfin ma mère, mon frère et moi, on est comme ça.*
> *Ma sœur je ne sais pas : vous en saurez plus que moi.*
> *Mais mon frère, il a fait son mémoire, à mon avis c'était son œuvre envers mon grand-père.*
> *Mon père, il est plus effacé, c'est un autre phénomène. Mais j'ai du mal avec l'histoire de ma famille paternelle parce qu'il était polonais-ukrainien et dans ma tête, la Pologne c'est toujours, pour moi, le pays des camps d'extermination. La population polonaise, je rapproche peut-être l'histoire du côté de mon père, si je réfléchis trop, ce qu'ils ont fait pendant la guerre,*

je les vois de l'autre côté en quelque sorte, par rapport à la famille de ma mère.
Mon père, il suit. Ils ont essayé de passer inaperçus pour éviter des problèmes de racisme, mais très effacés pour ça. Donc mon père, il ne parle pas de son histoire, il ne veut pas évoquer son enfance : il ne s'en souvient plus. Il dit que c'était tellement dur, il dit qu'ils vivaient dans une pièce à cinq avec de l'eau froide, pas de toilettes, il refuse d'en parler.

La transmission s'est d'emblée située côté maternel, volontairement :

En fait tout ce qu'il me reste, enfin, tout ce que j'essaie de grappiller, c'est du côté de ma mère et c'est ma mère qui est le seul lien avec tout le reste. C'est par elle que j'ai connu mon grand-père, et que j'ai construit l'image de mon grand-père, surtout. Donc à mon avis, s'il n'était pas là, si ma mère n'était pas là, je ne serais rien, enfin, je n'aurais pas tout ce que j'ai.
Mon frère, dans un sens, il a de la chance, parce que c'est le seul qui l'a connu, qui a eu de vrais échanges avec lui sur le sujet : il ne m'en parle pas. Non, c'est vrai que je ne lui pose pas beaucoup de questions là-dessus, honnêtement, je n'y ai jamais même pensé.

Cependant, Jade exprime sa déception et les difficultés de sa mère, enfant de la seconde génération :

J'en veux un peu à mon grand-père d'avoir eu cette relation avec ma mère : c'était brutal à son adolescence. Elle, elle essayait de retrouver son père, elle faisait son devoir de mémoire qu'elle lie avec le devoir de mémoire de la déportation, à titre bénévole après la mort de mon grand-père.

La maladie de ma mère a duré dix mois : elle avait six ans. C'était à Noël et depuis, elle est malade tous les Noëls, mais là, c'est elle qui fait le lien : le 16 décembre 1943, date d'entrée de mon grand-père dans les camps, à mon avis c'est elle qui construit ça. La maladie c'était juste une complication d'angine : une septicémie qui s'est répétée souvent lorsqu'elle était petite.

Jessica

« Avant, je n'arrivais pas à aller vers les autres et maintenant ça va très bien, depuis que j'ai vu la psychologue ».

Jessica a dix-huit ans, elle est en terminale. Elle est la sœur cadette de Rébecca. Elle a axé l'entretien essentiellement sur deux thèmes principaux : son lien à sa famille maternelle, ainsi que son travail effectué avec une psychologue, travail qui semble avoir tempéré et établi une distance adéquate entre elle-même et le traumatisme de la Shoah dans lequel elle ne manifeste pas le désir de se plonger particulièrement.

> *L'histoire de mes grands-parents, je n'en connais pas grand chose parce qu'en fait, ce n'est pas que je ne m'y intéresse pas, mais je ne leur pose pas trop de questions, et je ne connais pas les dates. Je sais qu'ils ont fait de la Résistance, que leur fille qu'ils ont eue vers dix-sept, dix huit ans ils l'ont cachée. Ensuite, ils sont rentrés dans la Résistance et ils se sont fait prendre. Ils ont été dénoncés, et ils ont été tous les deux dans les camps déportés et qu'ils se sont retrouvés après. Mais je ne sais rien des détails, ni des dates, ni ce qu'ils ont fait exactement dans la Résistance ni dans les camps.*
> *Je sais que ma mère a vu des psychologues et que même maintenant elle a des rapports avec ses parents un peu spéciaux. Je pense que ça a un rapport avec ça, même si tout le monde a des rapports un peu spéciaux avec ses parents. Je pense que ça a beaucoup joué.*

Elle rappelle le deuxième traumatisme de ses grands-parents, le deuil de leur fille cachée :

> *Ils sont rentrés des camps, ils l'ont retrouvée et elle est morte à dix-sept ans. Ma mère devait avoir un an. Et donc je pense que ça n'a pas dû arranger les choses ! En fait, elle était partie dans une colonie de ski, et elle avait voulu rentrer toute seule au chalet, parce qu'elle avait un trou dans sa combinaison. Elle est rentrée toute seule, donc elle a fait du hors piste et elle est tombée dans un trou, en fait. Je pense que ma mère a pris conscience qu'elle avait beaucoup souffert à cause de ça. Donc elle a pris des distances. Elle est vraiment consciente que c'est à cause de ça.*

A plusieurs reprises, Jessica parle de « ses parents » pour signifier ses grands-parents. Elle décrit, de même, la forme de confusion psychique entre sa tante décédée et elle-même... nées un 21 mars l'une et l'autre.

> *Elle essaie vraiment de mettre les choses au clair avec mes parents, je sais qu'elle a essayé moi, vraiment de m'éloigner de tout ça parce qu'elle ne voulait pas que j'en souffre. Moi j'étais un peu traumatisée par le ski mais j'en fais maintenant, mais au départ j'ai eu beaucoup de mal. Je suis aussi née le même jour que la mort de ma tante. Je trouve ça un peu horrible ! Enfin, je sais que mon grand-père, ça lui a fait très plaisir et qu'en plus c'était lui qui avait dit à ma mère : « tu verras, elle naîtra le 21 mars », alors que je devais naître en avril, et que ma mère, comme par hasard, hop ! Donc je trouve ça quand même assez bizarre : on voit la pression du père quand même. C'est sûr que moi, au départ, je n'en avais pas trop conscience, mais d'après la psychologue, ça a beaucoup joué aussi sur moi et donc ça, je ne l'ai pas su tout de suite. Mais oui, enfin moi ça me fait un peu peur ! Surtout par rapport à mes grands-parents, le fait que le 21 mars, ils fêtent en même temps mon anniversaire et que derrière, ils doivent en même temps fêter l'anniversaire de leur première fille. Je ne sais pas. C'est bizarre.*

Pour Jessica, ses grands-parents sont avant tout des grands-parents heureux. Elle n'a pas nécessairement le désir de les associer systématiquement à l'image de la Shoah, un événement qui lui semble ancien, aujourd'hui. Jessica a pu construire ses propres représentations. Elle a pu établir une distance suffisante pour se réapproprier/séparer l'histoire de la Shoah de sa famille. Elle exprime clairement une vie de famille non perturbée.

> *Même s'ils sont mes grands-parents, ça me paraît loin quand même : ça me concerne vraiment mais enfin j'ai l'impression, quand-même, que c'est loin ! Et puis ça reste mes grands-parents. Je les ai toujours vus heureux, gais, en train de m'offrir des cadeaux et tout. Donc je n'ai pas du tout une image d'eux… oh oui ! Enfin pour moi ils sont vraiment des grands-parents gâteaux. Donc c'est dur de s'imaginer autre chose, et je pense que je n'ai vraiment pas envie d'imaginer autre chose. C'est sûr, qu'à chaque fois que je les vois, il y a au moins une phrase sur le fait qu'ils ont été déportés. Mais ça, ce n'est jamais vraiment triste ! Je les vois à peu près une fois par semaine, et à chaque fois qu'on est à table, en famille, ils ne disent pas forcément un truc triste, mais ils disent une anecdote de la guerre ou des camps, ou ils racontent quelque chose qui leur est arrivé avec un ami, enfin je ne sais pas, il y a plein de choses quoi !*

Jessica aborde la prise de conscience de la transmission du traumatisme familial grâce au travail effectué avec une psychologue en plusieurs étapes :

> *En fait, je n'en étais pas consciente au départ, mais apparemment si, parce que, moi aussi j'ai vu une psychologue : j'en ai vu une quand j'étais toute petite, et j'en ai revu une il y a trois, quatre ans pendant à peu près un an et demi, deux ans.*
>
> *D'après la psychologue, c'était lié à ma mère pour qui, elle-même, c'était lié à mes grands-parents. En fait, enfin je ne parlais pas de ça, enfin je n'avais pas l'impression que c'était ça, mais apparemment c'était lié. Mais je ne comprenais pas trop où elle voulait en venir, mais apparemment c'était ça, et puis bon, après donc ça allait mieux, donc j'ai arrêté.*
>
> *On n'en parle pas tant que ça, à part quand ma sœur se met vraiment à lire des bouquins les uns après les autres et que ma mère lui dit d'arrêter. On en parle, enfin on ne parle pas vraiment de la déportation elle-même. On parle du fait de s'intéresser, de lire des choses, de voir des films. J'ai vu un film à l'école, je ne sais plus* « Nuits et Brouillards », *ça m'a vraiment choquée. Sinon, j'avais vu le début de* « La Liste de Schindler » *et après j'avais arrêté.*
>
> *Ma mère, parfois, j'ai plutôt envie de la rejeter. Enfin, c'est quand je la vois en général pas bien, enfin je n'ai pas forcément envie qu'elle me raconte, enfin ce n'est jamais des trucs très importants, c'est ce qui m'énerve encore plus ! C'est par exemple une accumulation de petits détails qui l'énervent, et qui font qu'elle se fait des petites déprimes. Mais justement, moi, je n'ai pas spécialement envie de l'écouter, je n'ai pas spécialement envie de la consoler, enfin je me dis que ce n'est pas mon rôle quoi ! Que pour ça elle a des amis, qu'il y a mon père, que ce n'est pas à moi.*

Jessica ne fuit pas son héritage familial mais elle a pu s'en dégager, inscrire et établir sa propre distance. Elle n'éprouve pas le besoin d'approfondir les images et des représentations qui ont pu exister dans la réalité. A choisir, elle préfère aller avec les amies de son âge, plutôt que de questionner ses grands-parents.

> *C'est vrai que moi déjà enfin, je n'irai pas, de moi-même, voir toute seule mes grands-parents, alors que ma sœur, je sais qu'elle y va. C'est peut-être un peu méchant de dire ça mais enfin, ce n'est pas mes priorités, enfin ce*

n'est pas ma priorité et je sais que, par exemple, là, pendant les vacances, si je dois choisir entre aller voir des copines ou aller voir mes grands-parents, je choisirais mes copines. Et donc j'essaie quand même de faire des efforts, d'aller les voir, d'aller déjeuner avec eux, à midi, quand ils sont tout seuls. Mais je sais que par rapport à ma sœur qui va les voir quand elle sort des cours, comme ça, à l'improviste. Moi ce n'est pas du tout ça quoi ! Et puis après, je sais qu'elle et mon grand-père, ils ont une relation assez basée sur la déportation. Elle aime bien les écouter parler, leur poser des questions, elle voulait écrire un livre sur eux. Elle les a interviewés, ils s'échangent des livres. Ils parlent beaucoup de ça, et moi, pas du tout. Donc, ça m'angoisse. Je n'ai pas envie vraiment d'avoir des détails précis et de pouvoir imaginer vraiment ce qu'il s'est passé. Pour moi c'est assez clair comme ça, c'est horrible, je n'ai pas envie d'avoir des détails en plus. Pour le voyage à Auschwitz, oui, je pense que j'irai quand même, parce que bon je pense qu'en tant que petite-fille de déportés, c'est important. Mais pour l'instant je ne me sens pas prête.

Dans la relation à sa mère, Jessica décèle un lien particulier sous forme d'une inversion des rôles, comme si elle devait parfois devenir la mère de sa propre mère, la réconforter, l'aider, lui donner des conseils que peut donner une mère à sa fille, et non l'inverse :

Je pense que c'est pour ça que j'ai dû aller voir une psychologue. Enfin moi, je ne m'en rendais vraiment pas compte. Enfin apparemment depuis toute petite, j'avais une relation comme ça et je n'en étais pas consciente, je ne m'en rendais pas compte. Et puis, quand je partais en colo, toute seule, enfin je ne supportais pas quoi ! C'est peut-être parce que, quand je suis née, j'avais plein de problèmes, des maladies, donc ma mère a dû aussi s'accrocher plus à moi qu'à ma sœur, qui était apparemment plus résistante. Enfin je ne sais pas comment ça se fait que ce soit moi et pas elle. C'est ça que je n'aime pas justement : c'est le fait qu'elle me parle, qu'elle raconte ses problèmes, à moi, alors qu'elle ne le fait pas à ma sœur, qu'elle se plaigne à moi, qu'elle me raconte tous ses petits trucs, et qu'elle ait besoin de réconfort de ma part ! Alors que moi je ne peux pas l'aider. Mais je pense qu'avec ma sœur, enfin je ne sais pas trop mais je pense qu'avec ma sœur, elle ne le fait pas trop.

Oui, Jessica sent parfois véritablement devoir remplir le rôle d'être « la mère de sa mère » :

> *Ah mais oui ! Parfois j'ai l'impression qu'elle change les rôles. En fait, je m'en suis plutôt rendu compte vers quatorze ans, quand j'ai vu la psychologue justement qui m'a elle-même fait comprendre, elle a réussi à me le faire comprendre sans me le dire explicitement, que je devais prendre mes distances. Après, bon en plus j'étais en pleine adolescence, je me suis rebellée, et j'ai complètement rejeté ma mère, je ne m'entendais plus avec elle, enfin je ne pouvais plus la voir quoi ! Et puis après ça s'est calmé et puis je me rends compte de plus en plus que des fois avec moi, c'est comme si c'était elle la fille ! Elle me demandait de la réconforter, enfin de l'aider.*
> *Par exemple, je sais qu'elle me demande souvent d'aller faire les magasins avec elle alors qu'à ma sœur elle ne le demande pas et que quand je suis avec elle et qu'on cherche des choses pour elle, c'est comme si c'était moi la mère, et elle me demande mon avis pour tout.*
> *J'ai l'impression qu'elle n'a pas d'opinion, qu'elle n'a pas de goûts, enfin oui, qu'elle n'a pas d'avis et qu'elle a besoin de moi pour choisir, et que tant que je lui dis pas « oui, prends, je te jure c'est bien », elle ne le prendra pas. Et elle est incapable de faire les magasins toute seule, et de se trouver un truc toute seule quoi ! Même avec mon père, hier, elle était dans les magasins avec lui, elle m'a appelée pour la rejoindre pour lui dire : « Si, oui c'était bien, si elle pouvait le prendre ». Et ça m'énerve ! Je me dis :* « Ce n'est pas à moi de lui dire ça ! »

Elle semble revendiquer davantage d'indépendance par rapport à sa mère. Elle décrit des situations familiales de sa vie quotidienne :

> *Rien que cette semaine, elle n'allait pas bien parce qu'elle s'angoissait pour les vacances, elle va partir toute seule avec sa mère en Israël et donc là-bas, on a une nouvelle maison, elle emmène ma grand-mère il n'y a rien dans la maison, donc elle va devoir acheter tout : la nourriture et apparemment elle panique un peu. Donc elle angoissait pour ça. Après, elle s'était engueulée avec une amie, enfin même pas une copine, et elle me racontait ses histoires alors que bon vraiment je m'en fous quoi ! Et puis je me dis : « elle est adulte, elle a qu'à régler ses histoires toute seule ! ». Donc voilà, pour ça. Des fois elle s'engueule aussi avec mon père et elle vient m'en parler alors que ça ne me regarde pas ! C'est leurs histoires : ça ne me regarde vraiment pas quoi ! Voilà.*

A nouveau, Jessica parle de « ses parents » pour vouloir dire, en réalité, ses grands-parents :

> *Un truc non plus que je n'aime pas du tout, c'est lorsque ma mère me parle aussi de son passé, enfin de son passé avec mes parents, quand elle était petite-fille. Donc elle me raconte des grosses histoires qui se sont passées avec mes parents quand elle était petite : par exemple, apparemment mon grand-père était très dur avec elle, et il est allé jusqu'à la frapper. Et moi je n'ai pas du tout une image de mon grand-père comme ça ! Pour moi, mon grand-père, il ne nous a jamais frappées, il n'a jamais été méchant avec nous. Et même de ma grand-mère, parfois elle nous raconte des trucs. Mais je ne les imagine pas du tout comme ça ! Elle nous donne une image d'eux qui est dure, alors que ce n'est pas celle que j'ai, et je n'ai pas envie d'avoir une image d'eux comme ça. Et puis, faut dire aussi que j'ai vu une psychologue et ça m'a peut-être aidée à sortir des trucs qu'elle n'a pas faits elle.*

Jessica, avant sa thérapie avec une psychologue, décrit ses difficultés de santé ainsi que ses troubles pour entrer en contact avec les enfants de son âge, lorsqu'elle était petite :

> *Au départ, quand je suis allée voir la psychologue, c'est parce que j'étais très mal dans ma peau et qu'à l'école ça n'allait pas et tout. Mais au départ, quoi, je ne pensais pas que c'était à cause de ça. Je pensais que c'était plutôt moi. Ma mère s'est dit que c'était elle et moi qui devions aller voir quelqu'un. Elle y a été, enfin moi j'en ai vu deux donc elle, elle y a été entre les deux, et puis moi j'en ai vu une autre après. Donc moi, je me suis rendu compte après, que c'était à cause de ça, enfin, pas directement à cause de la déportation, mais à cause de ma mère, que ça n'allait pas. J'ai tout eu ! La nuit, je ne dormais pas. Anxieuse, je le suis toujours : je suis hyperstressée. Je m'angoisse pour rien. Avant, je n'arrivais pas à aller vers les autres, et maintenant ça va très bien depuis que j'ai vu la psychologue.*
>
> *Toute la maternelle et primaire c'était horrible ! hyperangoissée, vraiment j'étais. Je ne sais pas, c'était par rapport aux autres enfants. J'étais très mal dans ma peau, je n'arrivais pas surtout, je ne sais pas, il y avait pas mal de copines à moi qui étaient moitié-moitié, enfin qui étaient moitié juive, et qui rejetaient la religion, alors que moi, justement, mes parents, je ne sais pas, m'ont toujours poussée à me sentir juive, à le dire et à ne pas en avoir honte, donc ça a fait des grosses histoires aussi entre les parents aussi, et je l'ai très mal vécu.*

Je me suis trouvée pratiquement toute seule toute la primaire, j'avais juste une copine qui était juive justement et donc ça n'allait pas du tout. A ce moment-là, je suis allée voir une psychologue. Après j'avais arrêté, au collège, parce que ça allait mieux et je ne sais pas, vers la quatrième/troisième, ça a recommencé. Enfin, ce n'est pas parce que je me sentais persécutée, là ça allait beaucoup mieux, mais j'étais vraiment très mal dans ma peau, j'étais hypertimide, je n'arrivais pas à aller vers les gens que je ne connaissais pas. Au départ, je ne comprenais pas pourquoi la psychologue ramenait tout à ma mère, à mes grands-parents. Il faut dire, je pense, qu'elle avait dû voir ma mère avant une ou deux fois, et je pense que ma mère avait dû lui expliquer pas mal de choses. Ça avait dû l'aider à trouver.

Contrairement à sa sœur Rébecca, Jessica n'éprouve pas d'emblée le besoin de présenter ses origines familiales à l'entourage rencontré.

Tant qu'on ne me pose pas la question, ou tant qu'il n'y a pas vraiment un sujet qui fait que je dois le dire, je ne le dis pas. Après, si c'est des gens proches de moi, et qu'on commence à parler vraiment de ce qu'il nous est arrivé avant, j'en parle. Je pense que c'est important de le savoir quand on se connaît bien, mais je n'ai pas du tout besoin de mettre ça en avant.

Aujourd'hui, Jessica considère que ses grands-parents semblent heureux, tout au moins pour elle, à sa place de petite-fille qu'elle décrit. Elle aborde à nouveau la question d'être allée voir une psychologue qui semble avoir eu une vive importance dans son développement.

Quand je les vois maintenant, je me dis que c'est sûr qu'ils ont eu une vie très dure mais que j'ai quand même l'impression qu'ils s'en sont assez bien sortis et que, maintenant, ils ont l'air heureux, qu'ils sont fiers d'avoir eu quand même des filles, des petites-filles.
Mes grands-parents, je sais qu'avec nous, ils sont adorables. Ils ont l'air bien ! Mais après, je ne sais pas ce qu'il se passe dans leur tête.
Moi, je pense que de faire la démarche d'aller voir une psychologue, c'était bien.

Les descendants d'enfants cachés

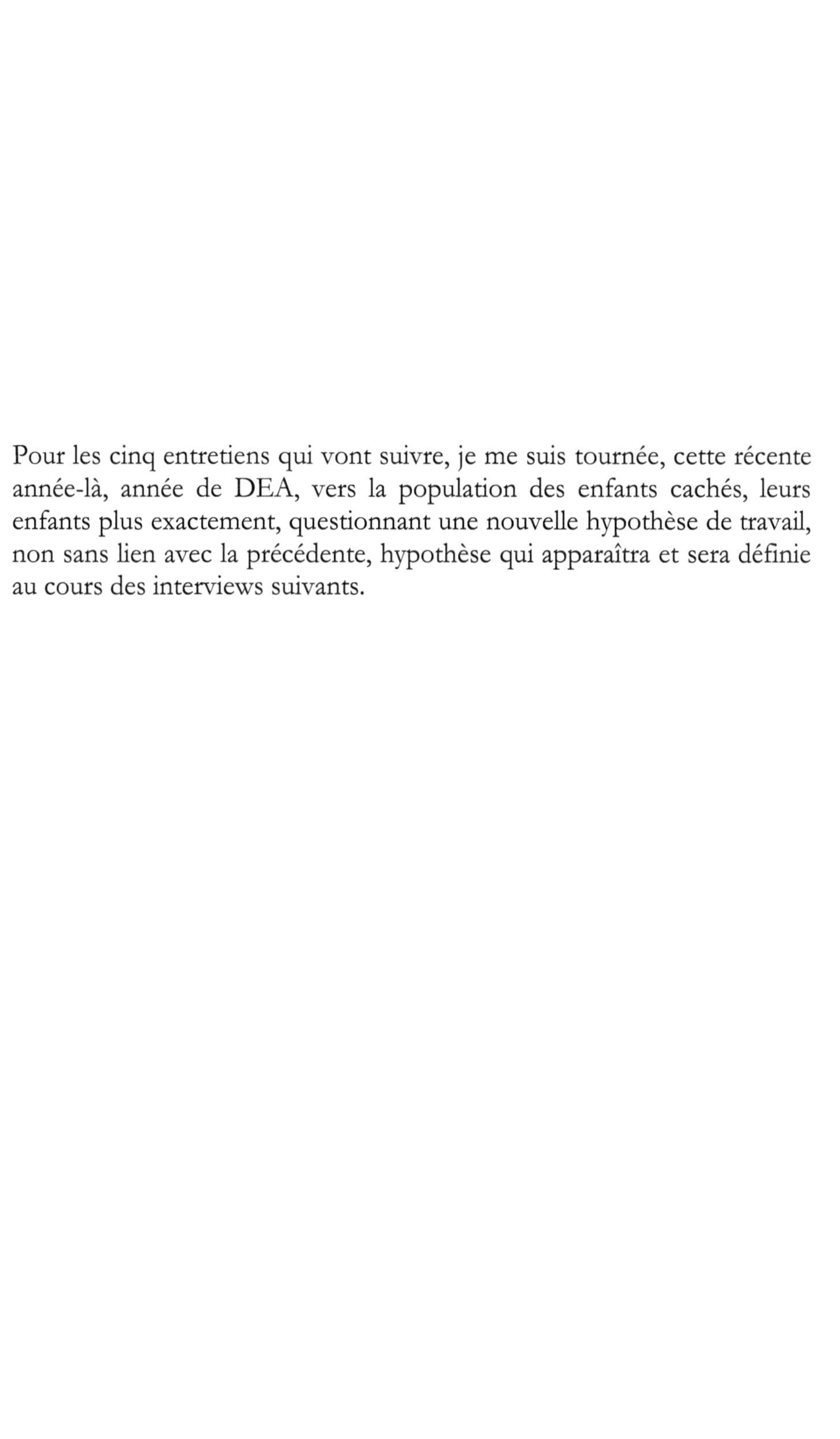

Pour les cinq entretiens qui vont suivre, je me suis tournée, cette récente année-là, année de DEA, vers la population des enfants cachés, leurs enfants plus exactement, questionnant une nouvelle hypothèse de travail, non sans lien avec la précédente, hypothèse qui apparaîtra et sera définie au cours des interviews suivants.

Jean

« Mon père est resté caché en lui-même finalement très longtemps. Quelque part puisque c'était une question de survie ou de mort ».

Nous nous sommes rencontrés, Jean, quarante et un ans, et moi, dans un café du Marais, à Paris, un dimanche après-midi. C'était notre second entretien : Jean avait souhaité faire ma connaissance avant l'enregistrement de son interview. J'étais alors allée le voir sur son lieu de travail.

> *Je suis actuellement coordinateur pédagogique dans une association juive depuis trois ans. Parmi les témoins que je fais venir, il y a des enfants cachés. L'association est en contact avec l'ex association des enfants cachés. L'autre circonstance aussi, c'est qu'actuellement, j'aide mon père pour un dossier de réparation en tant qu'enfant caché, pour prouver ses dix-huit mois de persécution, puisque mon père va avoir soixante treize ans. Par ailleurs, je tiens à signaler aussi, en préambule de cet entretien, que j'ai suivi une psychogénéalogie, et suis en thérapie freudienne actuellement. Mon père s'est marié en 1964 avec une non-juive, ma mère, qui est décédée en 1982, donc je venais d'avoir seize ans ; j'ai deux sœurs plus jeunes.*

C'est avec Jean que j'ai appris le plus d'éléments nouveaux sur la période étudiée avec l'existence des enfants cachés. Bien sûr, j'avais entendu parler des enfants cachés, mais n'avais pas imaginé que leur histoire s'était passé ainsi, une histoire différente pour chacun.

Jean est le fils d'un enfant caché.

> *J'ai été scolarisé dans la même école que mon père, où il portait l'étoile jaune, dans la même école que ma tante, aussi, mes sœurs aussi. On est resté dans le même quartier. J'ai grandi dans le quartier où mon père a vécu jusqu'à leur fuite en Normandie. C'était ce quartier qui a aidé mon grand-père et mon père à vivre en fait. Mon père avait sa boutique, ses clients dans ce quartier là. J'étais un enfant normal, sportif. Mes parents nous ont laissé le choix de faire beaucoup de choses. Très tôt, je me suis intéressé à l'histoire, plus tard, quand je me suis intéressé à ma judéité, à vingt-quatre, vingt-cinq ans. J'ai été jusqu'au bac, et j'ai pu rentrer à l'université, où j'ai fait des études d'histoire de l'art.*

La famille de Jean en 1942.

En juillet 1942, quand ils ont quitté Paris, mon père avait sept ans. Alors, mon père est d'une famille juive d'Iasi, c'est-à-dire la capitale de la Moldavie roumaine.

Mon grand-père est arrivé à Paris en 1919-1920, alors qu'il avait dix-huit, dix-neuf ans, pour rejoindre déjà ses frères aînés. Il a travaillé au Faubourg en tant qu'ébéniste et il a rencontré ma grand-mère ; ils se sont mariés en 1929 et ils ont eu cinq enfants.
Ma grand-mère est aussi d'une famille moitié russe, moitié roumaine. Mais par contre, elle était née en France.
La langue maternelle de mon grand-père, c'est donc le yiddish et le roumain, enfin les deux langues maternelles.
Il y avait ses frères et sœurs à Paris, donc c'était une grande famille.
La sœur aînée de mon père, ma tante, est née en 1931, mon père en 1935, et trois autres enfants après la guerre.
C'est important parce que les deux enfants cachés sont ma tante et mon père. Mes grands-parents auront trois enfants, après la guerre.
Ils ont habité toujours dans le faubourg Saint-Antoine, ensuite, ils sont allés en 1938 dans le dix-septième arrondissement. Donc, ils ont quitté un petit peu le « ghetto », pour aussi aller vers une nouvelle clientèle, dans la plaine Monceau. Mon grand-père a ouvert une boutique où il faisait à la fois de la réparation et de la vente, en 1938.

Les premières lois d'une histoire très récente.

Ma tante et mon père ont été à l'école de la rue Ampère jusqu'à la déclaration de la guerre où les premières mesures ont été allemandes en septembre 1940.
Mon grand-père a dû mettre un écriteau sur sa boutique comme quoi c'était une boutique juive. Après, en octobre, il y a eu le recensement obligatoire : Mes grands-parents se sont déclarés à la préfecture, au commissariat et ont déclaré aussi mon père et ma tante. Mon père, en 1940, était à la maternelle, et ensuite il est rentré donc en 1941-1942 à l'école élémentaire de la rue Ampère.

Spoliations, persécutions, lois d'exclusion : l'étoile jaune.

En juin 1942, donc, il y a eu toutes les séries de lois d'exclusion, de persécution des juifs qu'ils ont eues à subir depuis octobre 1940. A la demande des Allemands, début juin 1942, mon grand-père, ma grand-mère, mon père et ma tante ont dû porter l'étoile jaune.
Le directeur de l'école a rassemblé tous les enfants dans le préau, cette première semaine. Les filles étaient séparées, les garçons étaient d'un autre côté. Il a demandé aux enfants de ne pas faire de différences entre eux : ceux qui portaient l'étoile, et ceux qui ne la portaient pas. Ce directeur de l'école et sa femme, une institutrice, ont protégé les enfants, à l'intérieur de l'établissement, tant qu'ils pouvaient, et récemment il y a eu une plaque, il y a de ça trois ans, qui a été posée, qui a rappelé les enfants déportés et dans le discours, lors de la pose de la plaque, on a rappelé l'attitude de ce directeur, grâce au témoignage de mon père. C'est mon père qui a amené ce témoignage.

La rafle du Vél d'Hiv a lieu le 16 et 17 juillet 1942.

Déjà, le seize et dix-sept juillet 1942, il y a des arrestations dans le quartier, mon grand-père décide de quitter Paris, grâce à un fonctionnaire qui habitait boulevard Pereire. Ses biens sont déjà spoliés. Monsieur M. leur conseille une famille. Ils vont partir en camion de Paris fin juillet 1942. Ils seront accueillis par différentes familles, contre de l'argent. Alors tout cela est dans le récit détaillé de ma tante et de mon père, puisque je n'ai pas tous les éléments en tête. Mais enfin, ils sont accueillis contre de l'argent par cette famille pendant un an et demi.
En 1943, mon grand-père et ma grand-mère n'ont plus d'argent, ils avaient emmené beaucoup d'argent à l'époque sur eux, toutes leurs économies, pour réussir à survivre clandestinement en Normandie. Alors, ma famille s'appelait D. Le nom D. est assez courant en Normandie et en Loire-Atlantique.

Une famille cachée, non séparée.

Ma grand-mère faisait toutes les démarches puisqu'elle parlait sans accent, à la différence de mon grand-père, et elle connaissait bien les habitudes, puisqu'elle était intégrée. Elle était née en France. Mon grand-père aussi d'ailleurs était intégré. J'insiste beaucoup là-dessus puisque beaucoup de juifs ont pu s'en sortir par eux-mêmes aussi parce qu'ils étaient intégrés. Ils n'auraient pas pu l'être autant sans l'aide des non-juifs, mais ils l'ont été aussi beaucoup grâce à leur réseau, leur propre réseau, à leurs propres connaissances du terrain et de la langue, et des Français avant la guerre. Ma grand-mère est décidée à rentrer à Paris, et un fermier, qui venait dans cette famille, les en dissuade, c'est Monsieur B. qui va récupérer deux carrioles, et je pense, début ou courant 1943, il va décider de les cacher dans sa ferme pendant plusieurs jours, en attendant de trouver d'autres fermes. Alors, il faut savoir qu'entre-temps, mon grand-père avait fait venir très tôt, en 1942, sa belle-sœur, la femme de son frère D. et ses enfants, quatre enfants en tout. Son frère a voulu rester à Paris. En fait, ils étaient neuf à se cacher, à ce moment-là, cachés gracieusement, spontanément par Monsieur B. dans différentes fermes. Il les a gardés pendant plusieurs jours, chez lui, et ensuite il les a dispatchés dans plusieurs fermes de gens qu'il connaissait, avec qui il travaillait. Ma tante a été placée dans une ferme. Ils n'étaient pas séparés, ils ont été cachés dans différentes fermes. Ma tante était fille de ferme, puisqu'elle avait quatorze ans. Mon père est resté avec ses parents.

C'est le cas, en fait, de beaucoup d'enfants qui ont eu la chance de ne pas être séparés de leurs parents, et ils n'ont pas été déscolarisés. Mon père a continué sa scolarité une année sous un faux nom, quand ils étaient chez cette famille qui leur demandait de l'argent, et puis après, sous son vrai nom. Ma tante aussi a continué sa scolarité la première année, je crois. Mais ils n'ont pas fait toute leur scolarité, notamment l'année 1943-1944. C'est un peu ce paradoxe, aujourd'hui, où mon père doit prouver qu'il était caché, pour son dossier de réparation, et on n'a aucune preuve.
Ils se voyaient, par exemple, les cousins, ma tante, mes grands-parents, le dimanche, par exemple. Ils se voyaient une fois.
Oui, les B. les avaient bien traités, et mes grands-parents étaient cachés dans une maison d'un château d'abord, et puis ensuite chez une vicomtesse. Disons qu'ils étaient exploités, mais bien traités, c'est-à-dire qu'ils n'avaient pas de carte de rationnement. Donc ils étaient obligés de se débrouiller avec tous les restes, mon grand-père arrivait à se débrouiller. Il n'avait quasiment plus d'argent. Il y avait des abats, ils n'avaient pas de carte de rationnement. Ils étaient clandestins. Il fallait une fausse identité pour une carte de rationnement. Ils n'étaient aidés par aucun réseau juif ou non juif. C'est-à-dire qu'ils étaient aidés par des individus, des familles. En fait, effectivement, tout le village savait qu'il y avait des juifs dans les différentes fermes mais se taisait. Tout le monde faisait en sorte.
Alors les B. étaient des Justes. Ensuite, on est toujours resté en contact avec leur fille, ils avaient onze enfants, l'aîné avait quatorze ans, à l'époque. Ma tante, tous les ans après la guerre, a été les voir, pas mon père. Elle est toujours restée en contact. Ils n'ont pas été reconnus comme Justes, à ce jour. Ma

famille n'a pas fait la démarche. Ils ne le souhaitent pas pour différentes raisons. Il faut savoir que le père B. a vendu une vache aux Allemands : cela lui a été reproché après la guerre et il a eu un procès. Parce qu'il faut comprendre que dans ces familles rurales d'agriculteurs qui ont sauvé des juifs, il y a des gros différends fonciers, des différends familiaux et ils n'ont pas toujours voulu révéler ces histoires pour ne pas remuer ce qu'ils ne souhaitaient pas faire apparaître. Ce qui s'est passé de très beau après la guerre, c'est que lors du procès de Monsieur B, mon grand-père a fait envoyer une lettre du consistoire de Paris, du grand rabbin de Paris Joseph Weill pour son procès, pour attester qu'il avait sauvé neuf juifs. C'est ce qui l'a aidé, d'ailleurs. Voilà, c'est un beau retour des choses.

Son père était très blond, les SS l'adoraient.

En 1944, mon père et mes grands-parents se retrouvent dans un château, dans la maison d'un garde forestier du château d'une vicomtesse. Elle utilise mon grand-père et ma grand-mère comme femme et homme à tout faire, et en fait, dans ce château, il y a des SS et des Allemands qui sont, en fait, en villégiature, en repos du front de Russie, des blessés. Donc, en fait, mon grand-père, ma grand-mère et mon père vivaient parmi les SS et la Wehrmacht. Mon père était très blond, et les soldats l'adoraient, les SS l'adoraient, lui tapaient sur sa tête blonde, le faisaient sauter sur leurs genoux, parfois l'accompagnaient à l'école en voiture, et ma tante demandait à ce qu'ils s'arrêtent quand même avant l'entrée du village. Il y avait une promiscuité avec les soldats qui l'amenaient à l'école.

Mon grand-père devait se cacher parce qu'il comprenait le yiddish, mais il est arrivé qu'il ait côtoyé des soldats aussi, c'était très risqué. Un jour, un soldat a tenu en joue mon père et ma tante, pour s'amuser, il a ouvert une fenêtre dans le château, mon père et ma tante passaient sur un chemin, et pour s'amuser, il les a tenus en joue avec son fusil. Et puis, à ce moment-là, il y a eu la bataille de Normandie, donc ils ont vu des cadavres de soldats Allemands, dans la colonne Rommel, vous savez que Rommel, quand il a battu en retraite, sa colonne a été mitraillée du côté de Grandcamp. Ils sont rentrés à l'intérieur de l'église en défonçant la porte, une porte que mon Grand-père réparera d'ailleurs à la Libération, et mon père a vu des soldats morts dans cette colonne. Il a vu aussi des soldats morts dans les avions qui se sont scrashés autour du château.

La dernière chose que son père n'arrive pas à faire, c'est son récit.

> *Voilà, tout ce que je vous dis là, je l'ai su par ma tante et par mes oncles et tantes, et un tout petit peu par mon père, mais mon père en parle très peu de cette histoire. Il a fallu quand même le dossier. La dernière chose qu'il n'arrive pas à faire, c'est son récit, donc là, je suis en train de le faire. On lui a donné le récit de sa sœur, comme trame. Il sait que je travaille dans une association juive, il sait que j'écoute ce type de récits très souvent, et que je côtoie des enfants cachés.*
>
> *Il essaie de faire le sien, il est en cours. Je suis en train de faire son récit et le récit de ma famille, au moment où mon père cherche à écrire son propre récit, pour le dossier de réparation.*
>
> *Il faut savoir que ma famille, c'est très particulier puisqu'ils n'ont pas été séparés. Ils savaient les uns et les autres où ils étaient, ils pouvaient se revoir au moins une fois par semaine. Ils n'ont pas tout le temps été déscolarisés, ils n'ont pas toujours manqué d'argent, même si la dernière année était très dure. Et puis, effectivement il y a eu la guerre.*

Tous les enfants cachés sont destinés à disparaître, et ils le savent d'une manière ou d'une autre.

> *Donc là, ça a été très difficile : la bataille de Normandie a été extrêmement violente, il y a eu énormément de dégâts sur les civils : entendre les bombardements, voir les corps de soldats morts. Et ils ont vu arriver, en juillet, des motards canadiens. Donc, ils ont été libérés très tôt, au moment où quatre cent cinquante mille juifs de Hongrie sont assassinés à Auschwitz. C'est-à-dire que tous les enfants cachés sont destinés à disparaître, et ils le savent, d'une manière ou d'une autre. Ils le savent, même si les parents les préservent de ce danger. Ils feront tout pour les préserver, ceux qui restent ensemble en tout cas, parce que ceux qui sont séparés ne savent pas ce qui se passe. Donc, ils feront tout pour les préserver, mais évidemment, ils le savent, ils le sentent, il y a des absents autour d'eux. Très tôt, il y a des absents. Il y a des hommes qui disparaissent, il y a des femmes qui disparaissent, des cousins qui disparaissent. On n'a plus de nouvelles. Qu'est-ce qui se passe ?*

Ils envoient des courriers, il n'y a pas de réponses.

> *Il y a une grande inquiétude quant aux proches, et effectivement, en septembre/octobre 1944, mon grand-père et son neveu qui a dix neuf ans, vont aller à Paris en éclaireurs à vélo, ma grand-mère avec mon père, ma tante.*

Leurs cousins resteront un peu plus longtemps en Normandie, parce qu'il faudra trouver un endroit pour les loger. A Paris, c'est la pénurie, c'est très difficile. En octobre, mon père et ma tante sont déjà de retour avec leurs parents, à Paris, et là, en fait, la boutique a été arianisée.

Il va y avoir des enquêtes et des dénonciations, mais il va essentiellement y avoir le recensement.

Il faut savoir que la plupart des enfants et des familles sont recensés, que ce soit en zone nord ou sud. Donc, Vichy et les nazis vont utiliser ces recensements. Il y aura des recensements obligatoires en 1941, sur cette base essentiellement, avec le travail que font les historiens sur les archives des préfectures, on peut dire, la plupart des préfectures et des renseignements généraux dont c'est le travail, ainsi que les gendarmeries, savaient où étaient cachés les juifs qui pensaient être les mieux cachés.

Donc, ça veut dire que beaucoup de fonctionnaires, d'agriculteurs, (parce que la France était à moitié rurale, quand même, et que beaucoup de juifs se sont cachés en zone rurale), savaient qu'il y avait des juifs, mais ils n'ont rien dit. Donc c'est une forme de « résistance passive par omission », que ce soit dans les immeubles, dans les villes. Beaucoup de gens savaient qu'il y avait des juifs, mais ne disaient rien. Bon, ça ne veut pas dire que c'étaient des formes de résistance, mais on va dire, une certaine neutralité. Cela dépend des périodes de la guerre, aussi.

Sa famille va aller quasiment tous les jours à l'hôtel Lutecia afin de voir si des membres de la famille reviennent.

Alors, pour finir sur l'histoire par rapport à la Deuxième Guerre mondiale et de la Shoah de mes grands-parents, de mon père et ma tante, dès le mois d'octobre, ils vont aller se renseigner, et essayer de récupérer leur boutique parce que le premier objectif, c'est de faire vivre la famille, de récupérer l'outil de travail. Donc, il va y avoir un procès pendant un an et au bout d'un an, fin 1945, mon grand-père pourra récupérer sa boutique. Entre-temps, ils habitent dans une chambre de bonne, dans la même rue, et vivotent en achetant des objets, en fabriquant des choses.
Ils essaient de prendre des nouvelles de la famille, ils n'ont aucune nouvelle, et à partir de 1945, ma grand-mère, mon père, ma tante vont aller quasiment tous les jours à l'hôtel Lutecia pour voir s'il y a des membres de leur famille qui reviennent.

Les déportés de la famille de Jean

Il y a la mère de ma grand-mère, la grand-mère de mon père, la sœur de ma grand-mère qui a été déportée avec ses deux enfants qui ont été cachés, et qui vont être dénoncés et déportés de Charmille, un village à côté de Vichy. Ils passeront par Drancy, ils seront déportés à Auschwitz en 1944. Il y a S. et E. les cousins de mon père qui ont six et neuf ans. Il y a aussi leur père, mais qui lui, ne sera pas déporté, donc le beau-frère de ma grand-mère, qui lui sera assassiné sur place, dans ce village. Il va y avoir tous les frères de mon Grand-père, tous ses frères seront déportés, une belle sœur aussi, des neveux, des nièces, toutes ces personnes avec qui ils étaient plus ou moins en contact avant la guerre. Parce que, c'est vrai, qu'il y avait déjà des différends familiaux avant la guerre, et ils ne se voyaient pas régulièrement. Chaque famille faisait sa vie. Les enfants venaient de naître dans les années 1930. Ils avaient un travail etc.

Les enfants de l'après guerre vont avoir des prénoms de membres de la famille qui ont été déportés, assassinés.

Alors, ils revoient certaines personnes après la guerre et puis, il y a la naissance des trois enfants. Donc très vite, ils vont être pris par la vie, par le travail. Mon grand-père va acheter un endroit où il pourra travailler et faire vivre les enfants, assez grand, toujours dans le 17ème arrondissement. Et puis, il a un garçon qui naît en 1947, il faut savoir que les enfants de l'après-guerre vont avoir des prénoms de membres de la famille qui ont été déportés, assassinés. Donc Georges, qui est donc le beau-frère de ma grand-mère, et Renée qui est la sœur de ma grand-mère. Elle va donner le prénom de sa sœur à sa fille, à sa benjamine, et Annie, sa fille née en 1947, par rapport au prénom de sa mère Adèle. Après 1950, mon père va suivre un enseignement technique, mon grand-père va vouloir qu'il le suive dans les traces du métier d'ébéniste. Donc il va rentrer à l'ORT pendant un an et au lycée Maïmonide, il va aller en Israël dans deux kibboutz différents. Il continue à aider mon grand-père, il travaille avec lui.

Comme dans toutes les familles d'immigrés, il y a une inversion.

> *C'est mon père et ma tante qui s'occupent des petits, pour toutes les démarches administratives puisque ma grand-mère, mais surtout mon grand-père sont en mal d'exil et aussi avaient du mal, tout simplement à s'intégrer aussi. Il a des difficultés, la langue, bon il n'avait pas de difficultés particulières, mais disons que lui, il est immigré, il est arrivé en France. Alors que ma grand-mère, non.*
> *C'était un couple qui a élevé ses enfants, de façon matérielle, de façon très correcte, mais qui n'était pas très aimant vis-à-vis de ses enfants.*

Les enfants cachés : une transmission pesante et une culpabilité d'en être sortis.

> *Il y avait un déficit d'amour affectif, et après, c'est vrai qu'ils ont beaucoup misé sur les enfants qui sont nés après la guerre.*
> *Mon père et ma tante représentaient quand même les enfants de la guerre, les enfants de la catastrophe.*
> *Il y a eu aussi une culpabilité, je pense, très forte. Pourquoi eux ont survécu et pas les autres ? Mon grand-père a essayé de sauver son frère, mais son frère n'a pas voulu, il est resté à Paris. C'est vrai qu'avec ses neveux et ses nièces, sa belle-sœur, ils s'en sont voulu, très longtemps après la guerre, de ne pas avoir réussi à sauver son frère D.*
>
> *Mon père a commencé à s'émanciper, à vingt-cinq, vingt-neuf ans, et il a rencontré ma mère en 1962. Moi, je suis né en 1966, et là, il a créé sa propre affaire et a commencé à travailler pour lui. Il a eu trois enfants. On n'a pas du tout parlé de cette histoire. Mon père a fait des cauchemars en tant qu'enfant caché jusque dans les années 1970.*

L'existence des enfants cachés : une reconnaissance très tardive en France.

> *Moi, tout ce que je sais du traumatisme qu'a subi mon père, les enfants cachés sont des victimes qui n'ont été reconnues en France que tardivement, depuis une quinzaine d'années, alors qu'ils l'ont été depuis bien plus longtemps, juridiquement, psychanalytiquement en Israël ou aux Etats-Unis. Il faut aussi poser le contexte de l'histoire de mon père, en tant qu'enfant caché, dans un contexte national avec deux générations. Ce qui me semble intéressant avec cette petite digression, c'est de comparer avec les autres pays européens. Parce que vraiment, ces trois quarts de Juifs de France qui ont survécu, avec*

près de soixante mille enfants, depuis l'âge du nourrisson jusqu'à l'âge de seize, dix-huit ans environ qui ont pu être cachés, passer les frontières, se sauver etc. C'est vraiment très spécifique à l'Europe occidentale, et je pense que c'est intéressant de le comparer avec d'autres pays.

Donc je termine et reviens sur mon père. Mon père a vécu. Il a oublié, il a refoulé. Il a oublié activement, enfin non, passivement. Il a fait des cauchemars très tardivement. Ma mère l'a aidé beaucoup et il ne nous a transmis ni sa judéité, ni cette histoire.

Jean s'ouvre à son histoire familiale, sa religion, sa culture, par sa tante.

C'est ma tante, sa sœur, sa benjamine Renée, qui est née en 1951 qui dans les années 1980 a travaillé sa judéité, s'est intéressée au judaïsme et m'a proposé de m'intéresser, en tant qu'aîné, parce que je suis le premier fils, le premier garçon né après la guerre, de la fratrie D. et six mois après, naissait mon cousin Stéphane, le fils de mon oncle Georges : il y a trois petites-filles et quatre petits-fils.

Très jeune, Jean entreprend son premier travail de mémoire :

Alors ce qui est intéressant, c'est que j'ai pu enregistrer ma grand-mère, quand j'avais vingt ans. Donc, ça c'est très important. J'ai pu l'enregistrer et elle m'a raconté sa vie, j'ai encore les CD. Mais elle s'est arrêtée en 1940. C'était trop dur de continuer pour elle sur la perte de sa mère, sa sœur. Là, j'ai une vingtaine d'années.

« À l'âge de vingt-cinq ans, je me suis intéressé à cette histoire. Petit à petit, j'ai rassemblé les pièces du puzzle ».

Donc j'ai subi tout ça. Ce n'est qu'en m'y intéressant, par l'intermédiaire de ma tante Renée qui est la benjamine de la famille, que j'ai commencé à me poser ces questions, à m'intéresser à ma propre histoire, ma judéité, et au judaïsme.
Jusqu'à l'âge de vingt-cinq ans, il n'y avait rien du tout. Il y avait le fait de côtoyer mon grand-père et ma grand-mère, on se retrouvait au moment des fêtes. Je savais que j'étais juif, mais en même temps, je suis issu de deux familles laïcs. C'est-à-dire, que mes grands-parents et mes parents des deux côtés sont laïcs. Ma mère a été baptisée, a fait sa communion, parce que dans les années 1930, c'était comme ça. Et mon grand-père paternel lui a été au Héder, *c'est-à-dire à l'école religieuse. Ils n'ont jamais été pratiquants, ils*

sont laïcs. Et c'est déjà la génération de mes grands-parents. Donc mes parents nous ont laissé le choix.
Ce n'est que tardivement, à l'âge de vingt-cinq ans, que je me suis intéressé à cette histoire et que, petit à petit, j'ai rassemblé les pièces du puzzle et je me suis intéressé de plus en plus à l'histoire contemporaine. Je m'intéressais au départ à l'art, je travaille toujours dans l'art contemporain. Et petit à petit je me suis tourné vers les musées d'histoire tout en m'intéressant à ma propre histoire. Tout ça a toujours été très lié, c'est pour ça qu'aujourd'hui je travaille dans une association juive et que les deux démarches sont liées.
Non, il a fallu attendre l'âge de vingt-quatre, vingt-cinq ans pour m'intéresser à ma propre judéité. Je suis rentré dans une association d'étudiants juifs laïsc, qui n'existe plus aujourd'hui, qui a existé pendant une dizaine d'années où, en fait, se retrouvaient des étudiants juifs laïc de couples mixtes ou pas qui essayaient de vivre leur judéité de façon différente, alternative, de façon laïc, ni religieuse, ni traditionnelle.
Donc on a fait un gros travail identitaire, historique, pratique aussi. Il y avait des propositions pratiques qui se faisaient à ce moment-là, pas seulement théoriques. Voilà. Ça, ça m'a beaucoup aidé. Et puis, à partir de là, je me suis engagé dans de nombreuses associations.
Alors, j'ai milité, au niveau international sur la Bosnie, le Kosovo, la Tchétchénie, mais essentiellement la Bosnie. Et puis, ça a été toute une génération de jeunes en France, qui se sont engagés dans les années 1990 pour ces causes- là dans l'humanitaire, ou dans la politique, ou les deux à la fois. Moi, j'ai plutôt choisi le terrain politique. J'ai énormément milité à ce moment-là, dans les années 1990, j'ai beaucoup milité, quitte à presque abandonner mes études, j'ai toujours travaillé aussi. Donc ça a été beaucoup plus long pour moi de faire mes études.

Tous les biens de ses grands-parents aussi ont été confisqués.

Alors, il faut savoir que dans l'association dans laquelle je travaille, je suis payé indirectement avec tous les biens et tout l'argent qui ont été spoliés aux Juifs. Mon arrière-grand-mère, la tante de mon père, quand elles ont été arrêtées, amenées à Drancy, tous leurs biens ont été confisqués, contre un reçu. Elles avaient sur elles près de cent mille francs, ce qui est énorme à l'époque. Tous les biens de mes grands-parents aussi ont été confisqués. Il y avait un atelier, une boutique : tout a été confisqué. Finalement, le fait que je sois payé indirectement avec cet argent qui était les biens en déshérence à la caisse des dépôts et consignation ont permis la création de la fondation pour la mémoire de la Shoah. Il faut savoir que dans l'association, aujourd'hui, quatre-vingts pour cent de son budget vient de la fondation. C'est, quelque part, au-

jourd'hui, une forme de réparation. Donc tout est très entremêlé, c'est-à-dire mon père fait son dossier, moi je travaille à l'association juive. C'est vrai que c'est assez lourd à porter en même temps, mais c'est aussi pour moi une forme de réparation, de restitution aussi, de recomposition.

Le père de Jean a dû apprendre une nouvelle identité, une nouvelle histoire et n'a toujours dû compter que sur lui-même.

Je pense que c'est très courant, on le voit beaucoup : ça saute une génération. Ce que dit Nathalie Zajde, aussi, qui est intéressant, c'est que mon père, pas seulement en tant qu'enfant caché, n'est pas enfant de déporté, à la différence d'autres familles. Alors, c'était le cas avant la guerre mais ça a été le cas aussi après la guerre : il n'a toujours dû compter que sur lui-même. Donc, c'est quelqu'un d'extrêmement renfermé. C'est dû aussi à la situation familiale particulière à ma famille. C'est quelqu'un d'extrêmement secret, c'est lié, bien-sûr, à ce traumatisme où tout était inversé : où il devait apprendre une nouvelle identité, une nouvelle histoire, savoir mentir, savoir ruser, savoir voler, savoir se cacher. Donc, je pense que c'est lié beaucoup à ça, mais pas seulement.
Je pense que c'est lié avant et après la guerre, et mon père est quelqu'un qui se livre très peu, qui est extrêmement pudique. Et il parle très peu c'est-à-dire que c'est douloureux pour lui de faire ce dossier. C'est difficile.

Un fils à l'écoute.

Mon père est quelqu'un de très nerveux. Il suit une thérapie avec un psychiatre : il est dépressif. Il l'a été je pense assez tôt.
Ma tante aussi était maniacodépressive. Elle a été suivie. Ils ont dû avoir des suivis très lourds et puis, en conséquence de cette situation, de cette histoire.
Il faut savoir qu'il y a d'autres raisons sur la dépression de ma tante, mais le fait qu'ils aient été cachés, persécutés, ça a été très important. Alors, ma tante s'est mariée avec un juif. Elle n'a pas eu d'enfant, je pense qu'elle n'a pas pu en avoir, je ne vais pas rentrer dans les détails mais le fait qu'elle ait été une adolescente cachée a joué. Elle est décédée en 2008.

Les survivants cachés se sont mariés, ont fondé une famille.

Mon père et mon oncle, les deux garçons de la famille, se sont mariés avec une non-juive, ce qui, je pense, était plus facile pour eux : amener des non-juives dans la famille. Mon oncle s'est marié après la guerre, il a été conçu pendant la guerre. Il s'est marié avec une Bretonne, et mon père avec une parisienne, ma mère qui est décédée d'un cancer en 1982, alors que mon père avait quarante-sept ans. C'est-à-dire à peu près l'âge de mon grand-père pendant la guerre.
Il perd son père en 1977 d'un infarctus et ma grand-mère décédera en 1993 assez âgée puisqu'elle était née en 1909. Donc, ça a été un coup très rude pour mon père, la mort de son propre père, en 1977.
Il était très lié à mon père pas seulement professionnellement mais affectivement aussi, même s'ils n'étaient pas très proches.
Ma mère est tombée malade en 1980. Donc il y a eu comme ça une série, et la dépression de mon père s'est aggravée et il a été gravement malade après la mort de ma mère.

Une famille heureuse.

Il y avait un point d'équilibre entre mon père et ma mère.
Ma mère avait une idée du bonheur et essayait d'équilibrer les choses, apportait de l'harmonie au couple, alors que mon père avait quand même un traumatisme très fort. C'est vrai que c'était un couple qui s'aimait et je pense que l'on est le fruit vraiment de cet amour. Ça a été très important. Alors petits, je crois que l'on a eu une enfance très heureuse.

L'autre grand moment, ça a été effectivement le décès de sa mère.

J'étais soutien de famille. Donc il y a eu à nouveau une inversion, une répétition. Mes sœurs avaient quatorze et douze ans et mon père a été placé sous curatelle. Donc, moi j'étais soutien de famille. On a vieilli avec mes sœurs très très vite. Et on s'en est sortis. Mon père s'en est sorti aussi. La curatelle est tombée. Et on a pu vendre l'appartement familial, où on a vécu encore pendant sept ans jusqu'en 1989, après le décès de ma mère. De 1989 au début des années 1990, mon père s'en est sorti.

« Après, nous avons fait nos arbres, et avons commencé à rassembler énormément de choses sur la famille ».

Ce n'est qu'au début des années 1990 que j'ai pu commencer à m'intéresser à mon histoire et à ma judéité. Mes sœurs, par contre, savent tout ça, mais me laissent le travail, ce qui est très classique dans les familles : souvent les aînés ou le deuxième ont une charge quand même, et comme mon oncle Georges, j'ai été amené à faire les arbres depuis ma psychogénéalogie. Après j'ai fait mes arbres. Nous avons fait nos arbres, et avons commencé à rassembler énormément de choses sur la famille, des deux côtés.

Un père et son fils.

Mon père, je l'ai vu toujours comme quelqu'un d'extrêmement nerveux, de très présent, mais qui avait des difficultés à nous aimer je pense, lui-même n'ayant pas été aimé. Donc là, je pense qu'il y avait une difficulté de ce côté-là. C'était quelqu'un qui parlait très peu, qui était là, pour assurer, professionnellement, matériellement beaucoup. Et c'est ma mère qui le remplaçait, qui faisait énormément de choses à sa place, beaucoup.

J'étais un enfant complexé, les études c'était toujours moyen. J'ai été jusqu'au bac, et j'ai pu rentrer à l'université, où j'ai fait des études d'histoire de l'art. Mais c'était toujours assez moyen. Donc je suis quelqu'un d'assez complexé, secret, pudique. Des copains, j'en avais quelques-uns mais pas tant que ça. On était une famille mixte et laïque. On était des petits Parisiens, comme n'importe quel petit Parisien. Pendant la guerre beaucoup d'enfants cachés étaient des réfugiés, enfin, mon père a pu être parfois agressif et nerveux avec moi, avec nous, mais sans plus.

J'étais souvent aussi en conflit avec mes parents, quand j'étais enfant, petit. J'essayais souvent d'attirer leur attention, j'étais assez insupportable. Et puis j'ai eu beaucoup de mal quand mes sœurs sont arrivées aussi. Ça c'est normal. J'attirais toujours leur attention, faisais plein de bêtises.

Et puis mon père parfois était très incompréhensible dans certaines attitudes, il était très nerveux, il avait des sursauts comme ça. Enfin, c'était un peu déstabilisant parfois ces attitudes. Il était très nerveux. En même temps, il ne disait rien, et parfois, il était très très nerveux. Il était là, vraiment, on le voyait pour nous aider matériellement, mais il était assez absent quand même.

Mon père a eu de nombreux accidents pendant qu'il était caché, et après la guerre. Il a eu un très grave accident en 1944, avant leur libération sur un tas de silex. Il est tombé sur le front et il a une cicatrice que j'ai toujours vue. Il a été sauvé par des sœurs à l'hôpital de Lisieux donc ça a été une opération très grave. Ils ont réussi à le sauver. Les médecins ont dit, après la guerre, qu'il avait été bien recousu, bien opéré. Et il a eu un autre accident à la jambe après la guerre. Il a eu au moins deux accidents. Mais il me l'a dit quand on est retourné en Normandie, ensemble, sur les lieux où il a été caché, il y a deux ans, en Normandie, où je l'ai filmé. En fait, il me l'a dit, là, qu'il avait eu plusieurs fois des accidents, qu'il était tombé.

Voilà. C'est vrai que la famille de ma mère était dans le Sud ou en province. On les voyait assez peu. Et la famille de mon père, on voyait bien qu'il y avait de la dépression, ma tante Simone était dépressive, mon oncle s'est séparé, a divorcé. Bon, des histoires que l'on retrouve un peu dans toutes les familles, mais quand même, il y avait un climat qui n'était pas serein du côté de mon père.

Nous, on n'a pas eu de maladies particulières. On a eu les maladies infantiles, mais on ne s'est pas mis en danger, on n'a pas eu d'accident. Non. J'ai eu des idées de suicide comme tout le monde enfin, mais il n'y a pas eu de dépression. A l'adolescence oui.

Une histoire sans mots... transmise pourtant.

En fait, ce que je vous dis là, c'est très banal, en même temps, on peut voir ça dans toutes les familles, mais par rapport à mon père, peut-être une absence, oui effectivement. C'est important ça. Pendant notre enfance et notre adolescence, quand on se construit adolescent, et en tant qu'enfant, on a besoin de la présence de son père. Il était quand même assez absent, et je pense que, quand il nous a vus, à l'âge de huit ou neuf ans, alors que lui-même était caché. Il y avait peut-être une difficulté, pour lui, de voir cette question d'identification, de contre-identification avec ses propres enfants, je pense, mais bon, ça c'est une hypothèse.

J'ai eu une otite à l'âge de onze ans qui a nécessité une opération. Donc, au niveau de l'oreille, le fait de ne pas entendre, de savoir parler, d'écouter, je pense qu'il y a un problème de ce côté-là : un déficit du côté de l'écoute, du côté de la compréhension. Ce n'est pas un déficit physique.

Si je m'intéresse aujourd'hui à la transmission, à la parole, au guidage, à la médiation, c'est parce que, je pense, qu'il y avait un déficit du côté de la transmission, de la parole, et que c'est ma tante, qui est née en 1951, la benjamine qui, elle, a fait ce travail, au niveau de cette génération. Je pense qu'il y a quelque chose d'assez logique là-dedans.

Mon père finalement est resté caché en lui-même, finalement très longtemps, quelque part, puisque c'était une question de survie ou de mort. J'imagine mes grands-parents, apprenant à mon père, insistant auprès de mon père, pour apprendre une autre histoire, pour apprendre une autre identité, pour lui faire comprendre peut-être violemment, sûrement violemment, que c'était une question de vie ou de mort. Il a dû désapprendre aussi, après, très rapidement, sur des périodes très courtes.

Je m'effaçais, je m'effaçais toujours. Et je pense qu'il y avait une forme de complexe, qui faisait que je ne me mettais absolument pas en avant. J'avais un profond manque de confiance en moi qui se manifestait par du retrait, concrètement, par la lecture, par le travail, par les images. J'aime beaucoup les images. J'ai une passion pour les images. Il faut dire que moi, j'ai toujours vécu dans les belles choses, mon père aussi. Le métier d'antiquaire est un métier dans lequel vous ne pouvez pas vous attacher aux objets, c'est-à-dire que les objets passent et repassent chez vous. Vous avez alors un rapport très particulier aux objets aussi. Il y avait de très belles choses chez nous. Donc l'esthétique, le goût pour les images, m'a beaucoup aidé. C'est quelque chose qui est très structurant pour moi, qui a été très structurant. On est encore dans le fantasme, dans l'image, dans la projection.

Mais ma mère a été, je vous dis, un élément très stabilisateur, et bien qu'elle soit décédée quand on était très jeune, ça nous a transmis beaucoup de choses très fondamentales qui nous ont permis de nous en sortir après.

Jean a commencé à travailler à l'âge de seize ans, lorsque sa mère est morte.

A seize ans, j'ai fait beaucoup de baby-sitting, de ménages, je vendais des chaussures. J'allais dans des magasins, je travaillais, je faisais plein de petits boulots pour gagner de l'argent. Ensuite, on a été boursiers, on a reçu des aides, donc il y avait une aide sociale, aussi. Je n'ai pas fait mon service militaire parce que j'ai été exempté.

Alors c'est important, mon père n'a pas fait son service militaire. Il faut comprendre que tous ces enfants juifs cachés en France, qui ont été en guerre

d'Algérie, qui ont fait la guerre d'Algérie, qui sont morts. Il faut imaginer ça. C'est-à-dire des parents, il y a des familles juives où il y avait peut-être un garçon qui avait survécu, qui a été obligé de faire la guerre d'Algérie, qui est parti et qui est mort. Donc ça, il faut vraiment le comprendre. Il y a beaucoup d'enfants juifs cachés qui ont pu être exemptés, ne pas faire la guerre d'Algérie. Mais c'était une conscription nationale.
Mon père a été exempté pour asthme. Ça aussi, par rapport à la question du souffle, c'est important. Donc il a été asthmatique très tôt, c'est ça qui lui a permis de ne pas aller en Algérie.
Moi, je n'ai moi-même pas fait mon service militaire, en tant que « soutien de famille ». Donc, j'ai gagné ce moment-là.

Alors, je veux rajouter quelque chose, l'importance de la cuisine. Mon grand-père était quelqu'un qui cuisinait beaucoup, très bien et les repas étaient des moments très importants. C'était un moyen de transmission de la mémoire familiale, d'une certaine judéité. Donc pour moi, la cuisine est un élément très important. Je sais cuisiner, je cuisine des plats juifs et j'ai toujours cuisiné beaucoup pour les autres. J'adore la table, les belles tables, les plats. La transmission par la cuisine est très importante.
Ensuite, la langue : il y a beaucoup de mots, chez mon père et mon grand-père en yiddish. Mon père a toujours utilisé beaucoup de termes négatifs en yiddish, des injures, et mon grand-père aussi, enfin je les ai entendus dire des mots. Et je me suis intéressé, il y a deux ans, pour suivre des cours de débutant en yiddish.

Deux fois, j'ai volé des choses, pour attirer l'attention de mes parents, mais c'était des petits larcins, à l'âge de seize ans. Mais c'était pour attirer l'attention de mon père. Je n'ai jamais eu de différends avec mes employeurs. Moi, j'ai toujours été très consensuel, j'ai toujours été quelqu'un d'extrêmement positif, je n'ai jamais cherché le conflit : j'ai toujours eu peur du conflit.

Avec mes sœurs, on se parle très peu, on est complices, mais pas confidents. On aimerait se parler davantage, oui, ça viendra, et puis ça vient, là. Ma sœur aussi a construit, elle est en train de se séparer de son compagnon, elle a trois enfants, dont un petit de neuf mois. Mon autre sœur vit à l'étranger. On est assez loin les uns des autres, on a des vies quand même avec des rythmes différents.

Jean s'est toujours senti dans l'entre-deux (...) entre deux générations, entre ses sœurs et ses parents, celui qui fait le lien.

> *Je n'ai jamais arrêté de travailler, tout le temps, j'ai toujours travaillé. Avant l'association, j'ai travaillé à La Villette, j'ai travaillé au Jeu de Paume. J'ai commencé à travailler, j'avais trente ans, dans des boulots qui me convenaient, c'est-à-dire, pour lesquels j'étais formé et que je voulais faire. J'ai la chance de faire ce que je sais faire, et ce que je veux faire, à la différence de mon père qui n'a pas eu le choix. Moi, j'ai eu le choix.*
>
> *Dès quatorze ans, je voulais devenir conservateur, je voulais devenir responsable de musée. J'ai fait mes études pour ça, c'est-à-dire l'Ecole du Louvre, et Paris 1. Donc, j'ai été jusqu'à la maîtrise, après j'ai fait une maîtrise de sciences et techniques en médiation culturelle à Paris 8, où là, je me suis intéressé au public. C'est-à-dire que je ne me suis pas intéressé à l'objet mais plutôt au public. Et là, c'est important, car j'ai développé mon goût pour le partage, la transmission, pour la médiation, en fait. Je ne me suis jamais mis en avant, j'étais toujours dans l'entre-deux. Entre des œuvres et des publics, mais j'étais aussi entre deux générations, entre mes sœurs et mes parents, celui qui fait le lien, c'est ça.*
> *Et aujourd'hui, je suis célibataire à quarante et un ans. J'aimerais aussi construire quelque chose. A partir de trente ans, les CDD se sont enchaînés, et depuis trois ans et demi, je suis en CDI ici.*

Le travail comme valeur fondamentale.

> *En fait, j'ai toujours beaucoup rêvé du travail. C'est-à-dire que mon père fait beaucoup de rêves de son propre père en train de travailler, parce que le travail a été un moyen d'intégration, un moyen de sauvegarde très important. Oui, c'est-à-dire « rêver du travail de mon père », c'est-à-dire que je vais avec mon père acheter des objets.*
> *Pour mon grand-père et mon père, le travail a été un élément central de leur vie, un moyen d'intégration qui a été très important. On retrouve ça dans différentes familles d'immigrés : le travail comme valeur fondamentale et le travail libre de la libre entreprise, c'est-à-dire que l'on est entrepreneur. Mon grand-père était quelqu'un de très entrepreneur, qui inventait des choses, qui fabriquait des choses, qui prenait des initiatives. Mais mon père connaissait très bien son travail, mais en même temps, il n'avait pas fait le choix de ce travail. Donc il avait une relation très ambiguë à son travail. Souvent, j'ai rêvé, comme mon père, du travail, c'est-à-dire des antiquités.*

Et sinon un moment heureux, c'est des moments que je partage, des moments esthétiques avec mon père où on partage le goût pour les belles choses, pour les images. Mon père est un très grand connaisseur, un très bon expert et c'est vrai que quand on partage ensemble des moments de l'histoire de l'art, c'est magique. C'est un très bon moment. Oui, puis des moments de famille.

Puis, il y a aussi ma propre difficulté à avoir aussi des enfants parce que je suis beaucoup retourné. En ce moment, j'essaie de dépasser le passé, et tout mon travail. C'est très lourd tout ce que je viens de vous dire. Tout ça est lourd à porter. Et pour me construire, avoir ma propre famille, mes propres enfants moi-même, c'est quelque chose de plus long, de plus difficile, voilà.

Pour conclure, j'ai demandé à Jean ce qu'il dégageait de notre entretien.

Face à cet entretien, c'est-à-dire c'est un entretien très libre. Je ne me suis pas empêché, je n'ai pas eu le sentiment de m'empêcher. Après, je pense qu'il y a beaucoup de choses enfouies, reléguées en moi. C'est-à-dire, je subis beaucoup le traumatisme de mon père, encore beaucoup. Je pense que je pourrais prendre encore davantage de distance, davantage de réflexion, de parole sur ce traumatisme. Il y a des formes de fidélités négatives, de répétitions négatives par rapport à ça. Je ne peux pas en dire plus, voilà.

Vous me parlez de l'hypothèse de votre travail, mais à travers mon récit avant que vous ne m'explicitiez l'hypothèse de votre travail, ça pointe, ça s'entend. Moi dans mon récit, cette répétition-là, c'est-à-dire je pense qu'il y a des éléments. Oui, effectivement, le traumatisme de mon père, ma mère a eu à le subir aussi. Mais, en même temps, c'est une conjonction de choses très différentes, il faut tenir compte de nombreux paramètres différents. Mais c'est vrai, il y a des éléments qui se répètent dans le négatif, dans le positif aussi puisque j'en ai fait mon métier. Je travail sur l'histoire de la Shoah, sur l'histoire des enfants cachés en France, c'est aussi beaucoup l'histoire de la Shoah.
C'est une façon aussi d'amener mon père à écrire son récit, à savoir d'où je viens, à écrire ma propre histoire et à avancer, le dépasser et avancer. C'est tout ce que je peux dire : je le fais par l'Histoire, par mon histoire mais par les histoires. Voilà. Moi j'aime écrire des histoires, lire des histoires et dire des histoires parce que mon père ne m'a peut-être pas dit son histoire.

C'est une conjonction de paramètres collectifs, individuels.

L'hypothèse de la traumatophilie, il y a de ça, Mais il n'y a pas que de ça, et cette répétition ne vient pas uniquement du traumatisme de mon père. Il y a des éléments personnels, des éléments particuliers à la famille, des éléments de l'histoire qui ont, effectivement, peut-être tendance à pencher vers une certaine négativité. Je pense que je ne pourrais pas vous parler comme je le fais tenant, aujourd'hui tel que je le fais, sans le travail que j'ai entamé en psychogénéalogie, et en psychanalyse freudienne. Ça c'est sûr. Ça m'a beaucoup aidé. Ça continue à m'aider. Je ne suis pas une analyse pour me soigner. Mais c'est certain que ça agit sur moi, et ça interagit avec mon père et mes sœurs, ma famille proche.

Valérie

« La milice l'avait arrêtée quand elle a eu quinze ans pendant la guerre, et lui avait dit : tu prends ta brosse à dents et tu viens avec nous ».

Valérie et son mari ont trois enfants qui sont tous dans une école publique laïque. Leur famille a été cachée pour certains, et déportée pour d'autres. Valérie a perdu son père d'un accident. Elle avait sept ans. Actuellement Valérie a cessé de travailler dans sa société. Elle a entrepris un travail de recherche de sa famille.

Lorsque j'ai rencontré Valérie dans un jardin parisien, elle était accompagnée, avant l'enregistrement, d'une cousine du côté de son père :

> *J'ai l'impression d'avoir une branche presque morte, et justement cette cousine que j'ai revue, elle fait partie de la branche paternelle.*
> *Je dirais moi, que je ne me suis pas posé de questions jusqu'à dernièrement, il y a un an et demi, où j'ai eu des problèmes au travail.*
> *J'aimerais bien savoir les conséquences d'être « enfant d'enfants cachés ».*
> *Est-ce que je me serais posé des questions si je n'avais pas eu ce problème de travail ? Je pense que je suis en phase de transition. Mais je n'aime pas montrer cet aspect victime.*

« Mon père est resté à Paris pendant la guerre, avec l'étoile juive ».

> *Je ne peux pas dire s'il a été caché mais enfin j'avais vu ma tante, sa sœur plus âgée que lui, dix ans de plus, pour avoir quelques informations. La milice l'avait arrêtée quand elle a eu quinze ans pendant la guerre, et lui avait dit : « tu prends ta brosse à dents et tu viens avec nous ». Elle avait changé de chaussures, et puis elle s'est retrouvée boulevard Saint-Germain, elle connaissait un passage, elle a réussi à semer la milice, passer par un raccourci et prévenir sa famille.*
>
> *Après, mon père continuait, je sais, à aller à l'école, ce que je sais aussi c'est qu'ils allaient dans les jardins publics, pourtant, en tant que juifs, ils n'avaient pas le droit de stationner, donc son instituteur a décidé quand même de les amener, de circuler dans les jardins, avec l'étoile juive. Je ne sais pas trop comment ils ont réussi à s'en sortir, s'ils sont dans la rubrique des*

« enfants cachés », ou pas. Mon père est décédé quand j'avais sept ans, dans un accident de voiture. Mon père et ma mère sont nés en 1933.

Mon père est mort quand j'avais sept ans, donc je n'ai pas beaucoup d'informations sur la famille. C'est simplement en revoyant cette tante il y a dix ans, je me suis dit : « Finalement, j'aurais bien aimé avoir un peu plus d'histoires ».

Dernièrement, j'ai été voir cette tante qui a un fils qui m'a montré quelques photos, mais c'est vrai, il y a des gens, on ne sait pas qui c'est, pas de noms.
Du côté du mon père, mon grand-père est né en Lituanie (Pologne) en 1885, il est parti de Lituanie, à la veille d'un pogrom. Il est venu en France en 1906, a fait la guerre de 1914.

La famille maternelle de Valérie.

Du côté de ma mère, ils sont en France depuis 1600-1700, pour une bonne partie de Belgique, de Hollande, aussi. J'avais quelques anecdotes sur leur passé, mais on n'en parle pas du tout ; on n'en a jamais vraiment parlé.
Ma mère est née en 1933. Je sais qu'elle n'aime pas les Allemands, ma grand-mère non plus, elle va avoir cent huit ans.
Sa famille maternelle a composé un film de témoignages.
Ma grand-mère a six enfants, un de ses enfants a décidé de faire un film sur elle.
Le film est sorti il n'y a pas longtemps : c'est un film de témoignages. Je l'ai vu il y a un ou deux mois.
Il y a la petite sœur de ma grand-mère qui a cent deux ans : elles parlent de leur jeunesse, jusqu'en 1900-1930, et à partir de là, elles commencent à parler, en 1940 de la guerre. Mais c'était un peu difficile à regarder. En fait il y a les six enfants : chacun parle un peu. L'aîné est né en 1927, le dernier en 1942. Ils parlent de la guerre. En fait, avant la guerre, elle avait une grande vie à Neuilly, enfin bien !
Puis il y a eu la catastrophe en 1940.

Alors, ils décident de passer la ligne de démarcation, habillés en affaires de tennis pour passer inaperçus. Après, ils sont allés à Valence.
En fait, mon grand-père travaillait à la préfecture, il y a des choses, on a du mal à comprendre comment il a pu travailler encore, et puis un jour, la directrice de l'école leur a dit : « Ecoutez, je vous informe, vous êtes sur la liste pour le prochain départ, donc partez ».

Ils sont partis. Mon grand-père leur a dit : « Ne me dites pas où est-ce que vous allez. Si je suis sous la torture, je ne dirai rien ».

Donc ma grand-mère est partie avec ses six enfants, du côté de la Creuse. Ils sont allés dans plusieurs endroits parce qu'ils parlent, effectivement de plusieurs endroits. Ce n'est que dernièrement que j'ai appris que ma grand-mère était avec ses six enfants, dans une même pièce, à dormir dans le même lit et à se débrouiller pour leur faire à manger. C'est ce qu'elle disait. Je crois que mon grand-père leur envoyait de temps en temps, par poste restante, un peu d'argent.

En 1944, ils n'avaient plus du tout de nouvelles de mon grand-père donc la sœur aînée de ma mère est partie, à l'âge de dix-sept ans voir ce qu'il se passait. Elle est arrivée à Valence et a vu que tous les bâtiments avaient été détruits. Elle a trouvé une copine qu'elle connaissait.
Mon grand-père était mort sous les bombardements. Elle est revenue en pleurs, en le disant à ma grand-mère, mais apparemment ma grand-mère est toujours restée la tête haute. Après, ils sont rentrés chez eux en région parisienne. Et puis, à la maison, on leur a dit :
« On croyait que vous étiez tous morts ».

Donc, ils n'avaient plus rien. Mais c'est vrai qu'ils n'en parlent pas. C'est vraiment parce que j'ai vu le film, là.
Après la guerre, ma grand-mère s'est retrouvée toute seule, elle a dû retrouver du travail, pour une femme avec six enfants, elle était libraire. D'abord, elle a essayé de vendre des magasines, et ce qu'elle a toujours voulu, c'est que ses enfants fassent des études.
Ils ont tous été ingénieurs, avocats, profs, parce que les gens lui disaient :
« Ils n'ont qu'à travailler, ils ont seize ans ».
Elle a toujours voulu qu'ils fassent des études.

Ma mère, elle, s'est arrêtée. Ma mère ne dit pas trop ce qu'elle a fait. Je sais qu'elle est partie. C'était la troisième. Elle est partie en Israël pendant six mois, en kibboutz, et puis elle s'est mariée quand elle avait vingt-cinq ans. Elle a eu quatre enfants. On a toujours un peu voulu savoir. Un moment donné on s'est demandé ce qu'elle avait fait entre dix-huit et vingt-cinq ans. Elle nous a toujours dit qu'elle était prof de maths, en fait, ce n'est pas vrai. En fait elle n'a pas travaillé. A la mort de mon père, elle a eu une pension. De toute façon, ça ne nous regarde pas, elle a fait sa vie. On n'a eu que quelques anecdotes.
Le film m'a fait un peu pleurer mais c'était bien.

Un temps de rupture choisi.

J'ai un DESS. J'ai travaillé pendant seize ou dix-sept ans et puis au travail ça commençait à ne pas très bien se passer. J'ai eu un nouveau manager avec qui ça ne s'est pas bien passé. J'avais peut-être du mal, depuis toujours, avec la hiérarchie.

En fait, c'est quelqu'un qui est arrivé, qui avait une très mauvaise réputation. Quand j'ai su cela, déjà, je me suis un peu braquée. Je suis quelqu'un qui est assez franche. En fait, ça faisait six ans que j'étais là, j'avais mis en place des choses, des modèles qui marchaient bien : il a un petit peu remis en cause mon travail. Et il s'est trouvé que j'ai eu un séminaire. Je me suis fait une entorse du genou, accident du travail, rupture d'un ligament. Donc j'ai été arrêtée pendant un mois. Enfin ce sont des questions, un psychologue m'a dit que ce n'était pas neutre. J'ai fait du ski, je n'avais pas eu d'échauffement. Je pense que j'étais très fatiguée. Moyennant quoi, j'ai été arrêtée pendant un mois, des décisions ont été prises, sans que je sois là. J'ai eu un entretien annuel avec le nouveau manager qui m'a complètement démolie, vraiment démolie.

Ce que j'ai expliqué à la psychologue c'est que j'ai déjà des problèmes avec mon genou, et le fait de trouver du travail, si en plus il faut me plonger dans mon passé ! Là, je trouvais ça trop lourd.

Le travail de recherche de Valérie.

Dernièrement, dans le cadre des spoliations, mon frère m'avait demandé de faire une recherche sur la branche paternelle, sur mon grand-père, on ne savait même pas s'il avait deux frères, on n'était même pas sur. J'ai fait des recherches, j'avais une cousine qui m'avait assurée qu'il avait été déporté. J'ai fini par trouver au Mémorial, ils ont trouvé son nom sur le fichier des juifs : il a été déporté en juillet 1942. Ça, c'est le frère de mon grand-père. Il y en a un autre qui avait deux filles, je les ai trouvées : elles ont été déportées. En fait, j'essaie de retrouver des traces du père, j'ai vu qu'il était mort en 1946. La mère de mon père avait un frère qui a été déporté, avec sa femme et ses deux enfants.

Mon frère qui habite en Israël m'avait dit : « Ce serait bien que tu fasses des recherches des spoliations ». J'avais l'impression que, pour mon frère, c'était purement matériel, pour récupérer l'argent des spoliations.

Et moi, je suis allée un petit peu plus loin, essayer de trouver le lieu de naissance de mon grand-père, parce que j'avais envie, ça m'a fait du bien de mettre des noms. Mais le fait d'aller au Mémorial, ça m'a fait mal. J'ai un grand-oncle qui a été déporté, avec un nom dont tout le monde se fout, en fait, personne n'a repris le nom, c'est vrai que ça m'a quand même… Mon père et sa sœur, son mari aussi sont décédés.
Quand on est allé au Mémorial pour faire la recherche, on n'avait pas trouvé tout de suite. Une fille a trouvé sur le fichier des juifs : elle a vu son nom. Sur le coup, ça ne m'a pas fait grand-chose en fait. Mon mari a dit que lui n'avait pas dormi pendant trois nuits. Moi, il m'a fallu un peu plus de temps, je pense, pour réagir comme je fais là, en fait.
J'ai du mal à comprendre ma réaction. Je me dis c'est un grand-oncle, voilà. Et à chaque fois, là, je pensais vous en parler, mais ne pensais pas pleurer. Donc là, même chose avec cette association.

Je pense qu'il y a eu un grand chamboulement, une cassure.

Aujourd'hui, Valérie a cessé de travailler en entreprise. Avec la hiérarchie Valérie pense avoir eu, peut-être, toujours un peu de mal.

La psychologue m'a demandé s'il n'y avait pas quelqu'un dans ma jeunesse qui m'avait perturbée, savoir pourquoi il y a un problème avec la direction.
Je pense que l'accident de genou est arrivé parce que j'étais vraiment fatiguée.
Je suis plutôt dans une position de manque de confiance. Je pense que c'est plutôt lié au manque de travail.
C'est par exemple quand une voisine me dit :
« On voit sur toi que ton peuple a souffert ». On a de grandes discussions avec mes voisines très catho. J'habite à Versailles.
En fait, quand je suis allée voir la psychologue, je m'étais inscrite dans une association pour essayer de retrouver un emploi.
Sur les annonces, on dit : « il faut être positif ». C'est ce que j'aimerais être, plus positive. J'ai l'impression qu'il faudrait un essuie-glace pour nettoyer, il y a beaucoup de choses.
La psychologue, je ne crois pas. Il faudrait trouver un moyen plus créatif.
J'aimerais bien savoir ce qu'il va sortir de cet entretien.
Je pense que j'avais probablement un terrain favorable à la dépression, déjà avec mes anciens employeurs, même si ça se passait bien, mais à un moment donné, j'en avais marre qu'à quarante ans, on me reprenne. J'ai une attitude très négative vis-à-vis de mon parcours.

Par exemple, avec mon chef avec qui ça ne s'était pas bien passé (...) Moi j'avais une collègue de même niveau que moi qui m'avait dit : « dis oui à tout ». Etant quelqu'un d'assez intègre, je me suis fait un peu virer : je n'ai pas arrondi les choses. Plutôt que de dire : « dis oui, et puis voilà », j'aurais peut-être dû être plus souple, parce que du coup, ça m'a fait mal. Je suis allée droit au mur. J'étais à bout, je pense que j'étais à bout. Mais il doit y avoir des situations, mais je pense que j'ai du mal à trouver. Là, avec mon genou, je passe beaucoup de temps avec les médecins, et je n'en peux plus d'aller voir les médecins.

En toute fin de notre rencontre, Valérie m'exprime le moment où elle a révélé à l'association le fait d'avoir fait une recherche généalogique historique sur sa famille. Elle s'étonne de ses propres réactions lorsqu'elle parle de cela, que ce soit à sa psychologue, aux personnes de son association, ainsi qu'avec moi :

J'aimerais revenir sur quelque chose, donc je m'étais inscrite dans une association pour chercher du travail. Bon, il y a eu mon genou, et après j'ai commencé à dire que j'avais fait de la recherche généalogique. Et puis après, en fait, j'ai dit : « en fait, ce n'était pas de la recherche généalogique, je me suis arrêtée au niveau de mon grand-père ».

Il m'a dit : « oui, il faut parler de recherche généalogique quand on remonte au niveau du Moyen Age ». Et en fait, rien que le fait d'en parler, rien que le fait de dire que je vais chercher sur mon grand-oncle, je me suis mise à pleurer comme maintenant, et je n'arrive pas à, je ne sais pas, au départ, je me suis dit que c'était peut-être de la moquerie quand il m'a dit :
« Ce n'est pas de la généalogie ».

Après, lorsque je lui ai dit que c'étaient des histoires de déportation, c'est vrai qu'il a dit : « Ça c'est intéressant : vous dites que vous avez fait une recherche historique ».
Je ne sais pas pourquoi, j'en ai parlé à ma psychologue, à chaque fois ça me fait pleurer. Et donc, en fait, avec l'association, je me suis mise à pleurer comme avec vous. J'ai du mal à comprendre pourquoi je pleure comme ça.

La famille de Valérie aujourd'hui.

On est une famille équilibré. Mais lui, il m'a dit par exemple qu'il ne voulait plus voir de films de guerre. Il lit des livres.

Mon mari est juif, aussi fils d'enfants cachés. Ma belle-mère née en 1943 s'appelle Marianne, comme la République, ce n'est pas neutre. Et mon beau-père a été caché pendant quatre mois. Mais lui c'est pareil, il ne dira jamais rien. Ma belle-mère s'occupe des traumatismes des enfants cachés de première et deuxième génération. Elle est psychologue, et fait des groupes de travail là-dessus. Elle doit faire une réunion par mois, environ. Elle, elle me disait par exemple qu'elle ne pouvait pas acheter un appartement près d'une voie ferrée, les trains.

Mes enfants sont dans des écoles publiques laïques. Je suis pour le public. Par contre, ils vont à l'école juive le dimanche matin. On mange casher *à la maison, on a la double vaisselle. Moi pourtant, je suis un peu dans la contradiction : pratiquer sans croire. Je pratique un peu par habitude, pour mon mari. Mais il y a des fois, quand il me dit :*
« Tu as acheté tel produit, il y a je ne sais pas quoi dedans ».

Il a très peur que les enfants soient assimilés. Il veut vraiment leur montrer une éducation. Je ne pourrais même pas dire s'il est croyant, on ne le voit pas du tout. Je revendique beaucoup en termes de religion. Lui n'en parle pas au travail, alors que moi, j'en parle très ouvertement avec mes voisins, on en discute. Moi, je préfère en parler autour de moi, de mon histoire.
Je vous le disais, en gros ma voisine m'avait dit :
« On voit ta souffrance sur ton visage ».

Mon mari ça le choque beaucoup. J'avais des voisins, je leur avais proposé de venir pour un café, chaque fois ils ne pouvaient pas. Ils avaient cinq enfants. J'avais vraiment l'impression que l'on ne faisait pas partie du même monde, en fait. Pas bornés, mais bon… Moi, je fais partie des organisateurs de la fête des voisins, je suis plutôt assez ouverte. On a fait la bar-mitsvah de notre fils.

Mon frère, il est marié avec une juive, mais il est complètement assimilé : ils ne font rien. Tandis que nous on fait quand même une pratique.
Ils nous ont dit :
« Moi, je n'ai pas choisi mes origines ».

Coralie

« Mamie a quand même perdu dans l'affaire des enfants : elle a dû sauter par la fenêtre. Elle attendait des jumeaux, elle les a perdus dans son ventre, en sautant ».

Un silence familial

Déjà, je ne saurais pas très bien dire quand est-ce qu'on a commencé à parler de leur enfance. Je pense qu'une des premières choses qui a été importante évidemment pour un enfant, c'est ses grands-parents. Je n'ai jamais eu de grand-père paternel qui n'est jamais revenu de la guerre. Je pense qu'il était parti pour participer à la guerre. Il ne me semble pas que c'était un camp. Maintenant, peut-être que je me trompe.

On n'en a très peu parlé avec mon père, c'est sorti tardivement du fait, entre autres, que je trouvais qu'il ne s'était pas très bien occupé de nous. Adolescente, j'étais un peu furieuse contre lui, et c'est au moment de la mort de sa mère que des choses sont ressorties, et que l'on a pu discuter de ce genre de choses.

Etant donné que lui n'avait pas eu son père, il a vécu des choses difficiles, quitté sa mère très tôt. C'est son grand frère, plus ou moins, qui l'a pris sous son aile. Finalement, il n'a pas eu de bases paternelles, et il ne savait pas comment se comporter en tant que père. Papa, je ne sais pas, en fait, ce qu'il s'est passé pour lui. Je sais que l'on a parlé du fait que sa mère avait dû s'enfuir de là où elle habitait. Ils avaient une maison à G.
Je pense que c'est là qu'ils étaient eux, quand il y a eu des soucis, les premiers temps. Mais je n'en ai jamais discuté concrètement avec Papa.

Je sais plus de choses sur la famille de Maman, je suis plus proche de Maman, parce Papa ayant beaucoup de mal à s'exprimer là-dessus et à en parler, en fait, on n'a jamais réussi à nouer vraiment un dialogue.

La famille maternelle de Coralie.

Maman, je ne sais pas si on les a dénoncés, je ne sais comment ça s'est passé, mais plusieurs fois, il y a eu des descentes dans leur appartement, près de l'hôtel de ville à Paris.
Mamie a quand même perdu dans l'affaire des enfants : elle a dû sauter par la fenêtre. Elle attendait des jumeaux, elle les a perdus dans son ventre, en sautant.
Je pense que Maman était déjà là, et son frère aussi. Il y avait déjà les deux grands. Maintenant, les deux grands, à ce moment-là précisément, ou ils étaient déjà dans la rue, où ? Je ne sais pas, je n'ai pas les détails précis honnêtement.
Mais, ça, je sais que ça fait partie de l'inconscient de ce qu'elle me raconte. Ils sont quatre enfants.
Maman a été séparée de son frère, ils n'étaient pas au même endroit.
Papi a été envoyé dans un camp. Mamie s'est cachée. En fait, d'après ce que je comprends, c'est Papi qui s'est occupé de trouver une famille pour accueillir Mamie, maman et son fils.
Maman m'a raconté qu'ils étaient dans l'Yonne, dans une famille qui avait aussi des enfants, qui était propriétaire d'un restaurant. Maman n'avait pas le droit de communiquer concrètement avec sa mère. Ils étaient dans la même famille : Mamie servait au restaurant, donc elle travaillait, elle faisait partie du personnel et n'avait pas le droit de dire que Maman était sa fille et vice versa. Maman était censée être la fille des gens qui possédaient le restaurant et qui les ont accueillies. Pendant ce temps, Maman vaquait au restaurant, elle aidait, elle était toute pitchoune, minuscule.
Et les filles de ce couple ont été les grandes sœurs de Maman, pendant cette période-là. On a une photo de Maman assise sur les marches avec les enfants. Elle est restée en contact avec une partie de cette famille-là. D'ailleurs mes parents ont acheté une maison de campagne à cet endroit-là. Pour elle, c'était important, un lieu où elle a vécu des choses importantes. Nous, ça nous a permis de garder des petits liens avec cette famille-là.
Maman servait des Allemands à table, donc Mamie avait un accent. Elle parlait moyen le français. Mes grands-parents étaient polonais, Pologne du côté de Maman et Russie blanche du côté de Papa. Donc, Mamie ne disait pas un mot de la journée.
Ça n'a pas été si long que ça, je ne sais pas… si, c'était peut-être une année. Pour moi, ça n'a pas duré quatre ans, il ne me semble pas.
Enfin, c'est déjà une parenthèse dans une vie.

La chance qu'ils ont eue c'est que Papi s'est enfui. C'est la grande intelligence de Papi. Son frère est mort. Il a obtenu une permission pour la naissance de son enfant, et il a décidé de ne pas revenir, ce que tous n'ont pas fait. Il y en a d'autres qui ont eu des permissions comme ça et qui revenaient. Ils disaient : « Non, de toute façon, ils nous libéreront ». Il a proposé à son frère de venir avec lui, en profiter, et son frère ne l'a pas fait donc, oui ils étaient persuadés qu'ils allaient être relâchés, de toute façon, à la fin de la guerre. Ils en étaient sûrs et certains.

Il ne restait plus personne du côté de Maman et de Papa.

Tout le monde est mort : ses frères, sœurs, oncles, tantes. Après ils ont repris une vie normale, si j'ose dire, ils ont retrouvé Paris. Il n'y avait plus rien. Maman m'a dit :
« Il n'y avait plus rien, plus de meubles, tout avait été pris. »

Papi, lui, était tailleur, il avait son magasin, pas loin de la rue des Rosiers. Et puis Maman est allée à l'école, juste à côté d'ailleurs, une école toute proche. Mais je pense qu'elle a entendu pas mal de fois « sale juive », je pense que ça, ça faisait partie de son quotidien des premières années. Ça c'est sûr et certain.

Les recherches familiales.

Moi, parfois, j'ai eu envie d'en savoir plus, et mes cousins aussi. Un moment, ils avaient commencé à enregistrer, à poser des questions à Papi. Ils ont fait de nombreuses cassettes. On avait des valises avec toutes les photos de famille. On lui demandait à chaque fois : « Qui s'est ça ? » Et : « C'était à quelle période ? », histoire de garder quand même des traces, parce qu'il était le seul à pouvoir nous dire qui étaient tous ces gens, même Maman, parfois, ne savait pas nous le dire, donc cette fameuse valise, on a tout gardé.
Il y a bien eu une période où l'on a essayé de poser des questions, et où il était plus ouvert quand même quand nous, on a eu dix-huit ans, avec mon frère et mes cousins.

La religion pour Coralie était, au départ, une question d'appartenance familiale, essentiellement.

Mon frère a été obligé quand même, lui, de faire sa bar-mitsva. Ça a été très dur, ce n'était pas quelque chose qui l'amusait, mais je sais qu'il l'a fait clairement pour Papi. Et Papi en était très fier.

Moi, je n'ai pas fait ma bar-mitsva parce que je n'étais pas suffisamment impliquée religieusement pour la faire, tout simplement.
Mais on a toujours fait avec Papi et Mamie les fêtes importantes, toujours !
Tous réunis en famille, vraiment les grandes fêtes familiales importantes.
Et on allait à la synagogue tous ensemble, on se retrouvait là-bas. Et ça, c'est un des premiers trucs qui m'a énervé, une des premières réflexions que j'ai dû faire à Maman. Maman est la seule fille de Papi et Mamie, et moi leur seule petite-fille : je n'ai que des cousins, et pour Mamie c'était extrêmement important, parce que comme vous devez le savoir, c'est la femme qui transmet la judaïté.

Tous mes cousins étaient en bas, avec Papi à la synagogue, qui sépare les hommes et les femmes. Moi, jusqu'à un certain âge, j'ai eu le droit de retrouver mon papi et rester avec lui.
A partir d'un certain âge, la femme n'a plus le droit d'être avec les hommes.
Ça m'a totalement révoltée, révulsée : j'ai fait la remarque à Papi et à Maman, et ai dit un moment :
« Ecoute, ça ne sert plus à rien, je n'ai plus le droit d'être avec Papi : il n'y a aucun intérêt pour moi d'aller à la synagogue ».

Je ne le faisais pas pour un sentiment religieux, mais clairement pour une question d'appartenance familiale.

Coralie parle de son propre lien à sa mère :

Maman, elle m'a couvée, réellement. C'est fusionnel avec Maman. On fait tout ensemble. Je lui ai tout dit. Je pense que je lui ai caché vraiment peu de choses. Toutes les choses un peu graves, elle les a sues. Des problèmes avec mes copains. Là, avec mon fiancé, on a eu une période difficile, tendue, à cause de ce problème de judaïté, parce que lui est catholique.
Ça, c'est un problème aussi.

Coralie est fiancée depuis quatre ans avec un homme de religion catholique et la question de la venue d'un enfant se pose, interrogeant à nouveau les appartenances religieuses de chacun.

Le problème de ma religion est revenu là, récemment. Les problèmes ont ressurgi à cause du fait qu'on a envie d'un enfant. Moi, ce n'était pas une envie que j'avais au démarrage, mais là, ça se précise. Lui étant catholique, moi juive, donc déjà inconcevable de se marier de façon religieuse, donc problème, sachant que ses trois frères et sœurs se marient de façon religieuse, lui finale-

ment des quatre, il est le seul à se retrouver dans une situation problématique à ce niveau-là. Même s'il me dit que ce n'est pas grave, je pense que ça participe aux soucis qu'on a eus et pour les enfants, c'est aussi un problème.

Ce n'est pas grave de ne pas se marier religieusement. J'aurais bien aimé concevoir une cérémonie avec la double religion, un prêtre et un rabbin qui se serrent la main et nous bénissent, mais ce n'est pas jouable : on a demandé, on est allé voir Pauline Beb, le seul rabbin femme aujourd'hui, en France, ça n'a pas l'air jouable.

J'ai mis un trait là-dessus mais c'est quand même embêtant : enfin quelque part, il manque quand même quelque chose. Du coup, on n'est plus du tout motivés pour se marier. On s'est fiancés il y a plus de quatre ans, sans mariage, et pour les enfants, il y a eu une grosse incompréhension, un gros problème parce que Papa et Maman ont pris la parole à un moment où ils n'auraient peut-être pas dû la prendre et ont dit clairement à mon fiancé que ça ne serait pas jouable, qu'il fallait qu'il comprenne qu'à partir du moment où il était avec une femme juive, ses enfants seraient juifs ; ça c'est incompréhensible pour un catholique. Ce n'est pas possible, je veux dire, concrètement c'est difficilement absorbable, franchement oui, c'est un problème. J'ai mis de l'eau dans mon vin si j'ose dire, je n'avais pas le choix, j'en ai beaucoup rediscuté avec Maman, et avec ma psy, puisque j'ai été obligée d'aller voir quelqu'un à cause de nombreux problèmes. J'ai fini, ça a duré un an.

Ça a fait partie quand même des préoccupations et donc là, concrètement j'ai dit :
« Ecoute, on décidera parce que ça, on est d'accord tous les deux, élever nos enfants dans la connaissance des deux passés de chaque famille et des deux religions. On fera les fêtes comme on peut, dans ma famille et dans la tienne : on fera les deux. Ils décideront plus tard de ce qu'ils veulent faire ».

Mais, je pars du principe que je ne leur imposerai pas ma religion à moi, même si ma religion dit que mes enfants seront juifs d'office :
« Ce n'est pas grave, on va mettre une croix sur ce que dit ma religion, et on fera comme on le sent ».

Voilà ce que je lui ai dit, et puis je lui ai garanti que si nous avions un fils, il ne serait pas circoncis. Alors que pour moi, c'était très important à la base qu'il soit circoncis parce que mon père l'est, parce que mon frère l'est, parce que tous mes cousins ont fait circoncire leurs enfants, alors que pourtant leur mère n'est pas juive.

Coralie rappelle que son éducation a été reçue en dehors de son appartenance culturelle initiale à laquelle elle s'est adaptée avec succès.

Il faut le savoir, j'ai été élevée en école catholique, puisque privée, et j'étais la meilleure en catéchisme. Et j'avais les meilleures notes, le cahier le mieux tenu. J'étais la seule à l'être, parce que pour moi, il y avait une histoire derrière, et que je trouvais ça quand même pertinent. Alors que pour les autres, ça ne signifiait rien finalement. Ils sont catho, ça leur passe au-dessus parce qu'il n'y a pas une histoire finalement liée à ça. Pour moi, du fait qu'il y ait une histoire liée à mes parents et mes grands-parents, la religion prend un sens autre. Et donc, on n'a jamais côtoyé des copains juifs. Comment trouver à se marier avec des juifs alors que vous ne les côtoyez pas ? Ce n'est pas évident. Ce n'est pas logique. Donc on a des copains catho.
Voilà, je ne pense pas être la seule ! Ce n'est pas très surprenant, je pense.

D'ailleurs, voyez comment j'ai réagi avec mon fiancé. J'ai fait le pas le plus important pour dire :

« Ecoute, pour moi ce n'est pas primordial, je m'adapterai et ferai ce qu'il faut pour que tu te sentes à l'aise et que nos enfants n'aient pas de soucis avec ce problème, avec ça ».

J'espère que j'ai fait le bon choix !
Je pense qu'il n'y a pas de raison, pas de soucis.

Maria

Maria a quarante-sept ans. Elle est professeur de littérature comparée slave, à l'université, mariée à un homme juif et mère de trois enfants. Sa mère est une ancienne enfant cachée.

> *L'histoire de ma mère, elle a commencé à Paris. Elle est née en 1938 et ma grand-mère décide en 1939, de rentrer en Pologne. Elle faisait ses études en France : une thèse de doctorat en sociologie, à Paris, et avait envie de voir ses parents pendant les vacances. Elle décide de rentrer, avec sa fille en Pologne. Alors on fait toute une série de conjectures : pourquoi ? Est-ce qu'elle espérait que la guerre n'éclaterait pas ? Est-ce qu'elle avait envie de montrer sa fille née à Paris à ses propres parents ?*
> *Est-ce qu'elle pensait avoir suffisamment de temps pour revenir ?*

La grand-mère de Maria est à Varsovie lorsque la guerre éclate. Enfermée dans le ghetto avec sa fille (la mère de Maria), elle parvient cependant à l'en sortir, la confiant à l'extérieur du mur du ghetto, à une connaissance. Par la suite, l'enfant sortie du ghetto est adoptée. Cependant, l'enfant choisit de regagner l'orphelinat, pour rejoindre les enfants de son âge.

> *Elle arrive à Varsovie. La Deuxième Guerre éclate. Très vite, les juifs sont regroupés à l'intérieur du ghetto. Elle se retrouve dans le ghetto avec sa fille et ses parents assez âgés. Et donc, à un moment donné, lorsqu'elle comprend sans doute que l'avenir ne laisse quasiment aucun espoir, elle décide de se séparer de sa fille, de la confier à quelqu'un à l'extérieur du ghetto, prêt à la cacher et à la recueillir. Là aussi, nous ne savons pas grand-chose. Qui l'aide ?*
> *Sa meilleure amie, qui avait le type arien, pouvait se cacher sous une fausse identité du côté arien, organise probablement ce sauvetage. Il y avait différentes personnes qui aidaient les enfants juifs à s'échapper parce qu'ils pouvaient passer par des petits trous dans le mur. Il y avait tout un système de sauvetage.*
> *Toujours est-il qu'on la sort du ghetto, on la confie probablement à des voisins qui la cachent un certain temps. Ensuite, elle est confiée à un orphelinat catholique. Après la guerre, l'amie de ma grand-mère qui survit à la guerre s'occupe de cette enfant. Elle ne peut pas l'adopter car elle a elle-même un enfant qui n'est pas le sien. Les conditions de logement sont difficiles. C'est une scientifique, une sociologue qui n'a pas d'enfant elle-même, mais elle n'a sans*

doute pas la fibre maternelle. Elle a, en même temps, un sentiment de très grande responsabilité vis-à-vis de cette petite-fille.

Maman avait une histoire qui tenait assez bien, un scénario bien huilé, comme ça, qu'elle avait appris par cœur : elle était née à Czestochowa dans la ville sainte de Pologne, ses papiers avaient brûlé, enfin, dans un incendie de l'église de cette ville. Ses parents étaient morts lors de l'insurrection de Varsovie, et puis, ça marchait très bien.

Après la guerre, une femme médecin juive adopte Maman, mais le choix est un peu malheureux car il s'agit d'une femme qui a traversé le cauchemar, qui a été en camp de concentration, et qui a perdu son mari et ses deux enfants. C'était une femme qui faisait des cauchemars toutes les nuits. Elle travaillait énormément, donc était absente des journées entières. Maman qui rêvait d'une famille, d'une mère, est de plus en plus malheureuse et laissée à elle-même. Au bout de deux, trois ans, Maman décide de revenir dans un orphelinat : elle préfère être avec d'autres enfants plutôt que d'être toute seule dans cet appartement vide, livrée à une bonne antisémite. Il n'y a plus de place à l'orphelinat. Elle retourne dans la ville où je suis née. Elle reste en contact avec cette dame qui finit par émigrer en Israël. Elle propose d'ailleurs à Maman de l'emmener avec elle. Maman hésite un peu puis décide de ne pas partir pour Israël.
Dans l'orphelinat, il fallait que les enfants aient assez vite un métier. Elle est inscrite dans une école d'infirmières. Elle commence à travailler très jeune dans un hôpital militaire.

Puis, elle rencontre mon père. Ses futurs beaux-parents étaient totalement contre le mariage parce que c'était une orpheline. Leur fils unique polytechnicien aurait mieux fait d'épouser une fille de bonne famille, avec des études supérieures, etc. Mais ensuite, quand ils se sont mariés envers et contre tout, lorsque mes grands-parents ont fini par recevoir Maman, elle est devenue leur belle-fille préférée. Il y avait quatre sœurs, et donc elle s'est toujours très bien entendue avec elles et avec mes grands-parents.

L'antisémitisme de mes grands-parents ? Oui sans doute, il y avait un antisémitisme populaire, paysan et bête, chez ma grand-mère. Mais c'était une femme foncièrement bonne. Moi je passais beaucoup de temps avec ma grand-mère puisqu'elle m'emmenait à la campagne en été, et j'ai le souvenir d'une femme généreuse, aux grandes qualités humaines.

La mère de Maria a longtemps continué à cacher ses propres origines, son identité :

Quand j'ai appris, à l'âge de quinze ans, que j'étais juive, je ne savais pas vraiment ce que ça voulait dire : donc je n'avais pas d'a priori ni négatif ni positif. Si j'ai pu entendre des propos antisémites, ça devait être de façon très sporadique, j'ai plutôt des souvenirs de ma première lecture d'un livre qui se passait pendant la guerre, et où un petit garçon juif se cachait. Je me souviens, j'avais posé des questions à Maman qui m'a dit après, avoir éprouvé un ouf de soulagement parce que j'étais très émue par l'histoire de ce petit garçon. Je me souviens d'avoir posé des questions à mon père : « Pourquoi Hitler était antisémite ? » Et d'avoir reçu des explications historiques comme : « Hitler avait besoin d'un bouc émissaire ».

Ce n'est pas avant l'âge de quinze ans que Maria apprend la réalité du passé historique de sa mère, les véritables identités culturelles et religieuses de l'une et l'autre.

Ma mère ne m'en a rien dit, jusqu'à l'âge de quinze ans. Je n'ai absolument rien su, rien soupçonné. Son scénario était très blindé, cohérent. Je n'ai eu aucun soupçon. Elle m'a parlé de son enfance à Varsovie, comme il y avait beaucoup de gens qui l'avaient recueillie, mais comme il y avait beaucoup d'enfants en Pologne qui étaient orphelins, beaucoup de Polonais qui étaient morts pendant la guerre, ça ne m'a pas du tout paru surprenant. En France, quand on dit « morts pendant la Seconde Guerre mondiale, les déportations dans les camps de concentration », on pense tout de suite aux juifs.

Lorsque Maman a pris la décision de quitter définitivement la Pologne et de m'emmener avec elle, elle m'a dit :
« Ecoute, je te confie un grand secret, nous quittons la Pologne, et tu ne peux pas le dire à ton père. Je ne peux pas encore te donner les raisons de ce départ, je te les dirai en France ».
J'étais très malheureuse de quitter la Pologne. J'aimais mon père, mes cousines, mes amis.

Nous sommes arrivée en France, et je me souviens très bien que, une des premières questions que j'ai posées à Maman, c'était, je crois, le lendemain : « Quel est ce secret dont tu m'as parlé ? »

Et c'est là qu'elle m'a dit : « Voilà, je suis juive. Tes grands-parents ne sont pas morts dans l'insurrection de Varsovie, mais dans le ghetto de Varsovie. Ils sont morts parce qu'ils étaient juifs ».

Maria avait été baptisée et avait suivi des cours de catéchisme.

C'est là, en France, que je l'ai appris. Je me suis dit : « Tiens, c'est intéressant ! » C'était enrichissant. J'étais déjà athée, ou du moins je le croyais. Enfin, je l'avais déclaré parce que je sentais qu'à la maison, on n'était pas très religieux. Mes parents n'allaient pas à la messe le dimanche, comme les parents de mes camarades. Cependant, Maman avait tenu à me baptiser, pour que je sois une petite-fille normale catholique. J'ai suivi des cours de catéchisme, enfin j'ai fait ma première communion.
Mais je me suis mariée après religieusement avec un rabbin.
Je n'ai pas considéré que j'avais eu à me convertir puisque je suis juive de mère, n'est-ce pas ?

Mon histoire avec le catholicisme, si vous le voulez, s'est assez vite terminée, parce que c'est là, je peux dire maintenant, qu'il y avait une sorte d'incohérence, une faille dans le scénario de ma mère : je sentais que mes parents s'en fichaient de ce catholicisme.

Mon père était athée, révolté contre ses parents. Mes parents ne m'accompagnaient pas à l'église, donc très vite après ma première communion, je me suis demandé finalement :
« Pourquoi aller à l'église, si eux n'y allaient pas ? »
Lorsque j'ai déclaré que je ne croyais plus en Dieu, j'ai senti un ouf de soulagement, là aussi, et donc, ça s'est très vite résorbé, disons.

Maria m'a décrit le type d'attachement mère/enfant :

Je peux dire que j'ai un peu vécu en couple avec Maman, en symbiose, et qu'il y a, sans doute, eu des moments un peu difficiles car la fin de cette enfance (très heureuse en Pologne), quand nous sommes arrivées ici, en France, était bien solitaire, Maman était assez déprimée, il fallait qu'elle se reconstruise. Maman est un peu retournée du côté de son enfance. Je pense que l'on peut interpréter ça en termes psychanalytiques : elle a fait une sorte de régression, en arrivant ici.

La mère de Maria avait pu retrouver des membres de sa famille, en France :

> *Elle a retrouvé ses parents fantasmés : sa tante I. et son mari R. sont devenus un peu ses parents adoptifs. Enfin, il y a eu un processus de transfert qu'elle a dû faire, et pour moi, c'était quelque chose de très difficile à vivre parce que cette mère qui était quelqu'un que j'admirais et qui avait une autorité maternelle en Pologne était, tout à coup, devenue une petite-fille. Elle ne disait plus : « je ». Elle disait : « R et I pensent, R. et I. disent ». Pour moi c'était d'ailleurs une seule entité. Et je dois dire que c'était un peu difficile, j'avais tout à coup été privée et de mère et de père. Ma mère était en psychothérapie. Il a fallu qu'elle se reconstruise.*
>
> *Ma mère est quelqu'un d'assez doux, c'est ça qui est quand même extraordinaire, avec la vie qu'elle a eue : il y a chez elle une sorte de naïveté. A un moment, je jugeais ça de façon très dure.*
> *Ma mère parfois m'appelle « Maman » inconsciemment.*
>
> *Je dois dire que je me suis mariée assez tard, j'ai eu des enfants assez tard, et nos rapports étaient assez difficiles entre vingt et trente ans jusqu'à trente-cinq ans, à peu près.*

Le mariage de Maria semble avoir rendu à sa mère sa propre place de femme.

> *Tant que je n'étais pas mère de famille et que ma vie affective n'était pas stabilisée, je n'offrais pas un modèle parental à Maman qui lui aurait permis de retrouver une forme de stabilité. Et, je dois dire, c'est très curieux, que c'est à partir du moment où je me suis mariée, et que j'ai organisé ma vie de femme que Maman a pu refaire sa vie aussi, qu'elle a eu un homme dans sa vie, puis, un deuxième. Mais lorsque j'étais adolescente, j'aurais adoré que Maman refasse sa vie. Elle a eu, c'était une très jolie femme, des histoires de flirts passagers, mais c'était toujours un peu compliqué, elle n'était pas capable de s'y consacrer vraiment, pas disponible.*

J'ai demandé, à un moment de notre entretien, comment Maria se percevait par rapport à certaines situations, (attitude par rapport à la prise de risque, la hiérarchie...).

Je dois dire que je suis quelqu'un qui a plutôt peur du risque. Je dois dire que j'ai peur de la vitesse, par exemple j'ai le vertige, je n'ai jamais fumé. Non, mais ce que je veux dire, c'est que je n'ai pas le côté autodestructeur de certains enfants de rescapés. Aller vers le danger, non. Le côté de mon père paternel, qui est un côté paysan, est assez fort. Je crois que j'ai beaucoup de bon sens, une espèce de sens terrien qui fait que je m'arrête avant que le danger ne commence.

Quant à la hiérarchie, je vis dans un monde un peu protégé, « sous cloche », parce que je suis à l'université, je n'ai pas vraiment de chefs. J'ai eu, oui bien sûr, comme tout le monde, des conflits, mais le travail à l'université offre une grande autonomie, actuellement, je suis maître de conférences de littérature comparée.

Francis

« J'ai des souvenirs, mais j'ai toujours eu des sensations très étranges par rapport à mes parents, quelque chose de très flottant ».

C'est dans un jardin public parisien que j'ai rencontré Francis, trente-sept ans, frère aîné de Coralie. Marié, il est père d'une petite-fille de six mois.

> *Ma femme, elle n'est pas juive du tout. Elle est comme moi : elle est d'origine catholique, moi je suis d'origine juive.*

Très facilement et de façon décontractée, Francis m'a parlé de son vécu, son profil d'enfant de parents qui avaient été deux enfants cachés, pendant la guerre.

> *Ça risque d'être bref parce que concernant l'histoire familiale, je ne vois ce que je peux vous raconter de spécialement intéressant mis à part le fait que je n'ai pas de souvenirs de quand j'étais petit. Je n'en ai pas.*

Comme de nombreux descendants de la Shoah, les dates échappent à son histoire.

> *Je suis très mauvais pour les dates. Ça ne fait pas du tout partie de ma façon de penser, donc les dates, tout ça, je suis très mauvais.*

Francis décrit le flou, le peu de souvenirs de l'époque de son enfance et ses propres stratégies pour se rendre autonome.

> *Ce dont je me souviens, c'est que je me suis autodétaché de mes parents relativement tôt. Enfin plutôt de ma mère, parce que mon père n'a jamais été là : il avait autre chose à faire. Je suis assez perplexe, mais effectivement, je n'ai pas de souvenirs : je me souviens être rentré de l'école une ou deux fois, mais c'est extrêmement vide. Je me souviens que j'avais plein de copains, j'ai des petits souvenirs, mais extrêmement vagues. En tout cas, je n'ai pas de souvenirs précis de ce que je pouvais bien fabriquer avec mes parents.*
>
> *Par contre vous me demanderiez ce qui s'est passé avec mes grands-parents, ça je peux très bien vous le dire. Mais avec mes parents, je pense qu'on était*

comme des mômes normaux. Voilà, on se voit, on discute. Je n'ai pas de souvenirs.

Et après, je sais mieux ce qui m'est arrivé à moi, mais grosso modo c'est beaucoup du ouï-dire, parce que je flotte là-dedans, mais d'après ce que j'en sais, j'ai eu une crise d'adolescence qui a débuté très tôt, et qui a fini très tard. J'ai l'impression qu'à l'âge de dix ans, j'en ai eu marre. C'est venu très tôt. Du coup, ce que j'ai fait, je ne peux pas trop vous dire : j'ai le souvenir, pendant très longtemps, d'avoir été quelqu'un de particulièrement pessimiste. Cela dit, ce n'était pas vraiment, je pense, dû à moi, mais à mon entourage. Mais peut-être que je me trompe. J'étais persuadé que j'étais quelqu'un de plutôt renfermé, plutôt pessimiste, plutôt timoré, etc. Alors, je ne sais pas, peut-être que tout ce que j'ai fait, c'est pour lutter contre ça. Je n'en sais rien du tout.

Aujourd'hui, je pense définitivement que cela ne venait pas de moi. Par contre, j'ai beaucoup bossé pour en arriver là. J'ai travaillé sur moi, beaucoup : méditation, une psychanalyse autogérée. A quinze, seize ans, j'ai rencontré une personne assez portée sur tout ce qui était, effectivement, méditation, y compris des trucs plus soft : psychologie du corps. Elle m'a aidé. La personne m'a servi de béquille pendant très longtemps et j'ai beaucoup changé, forcément. Puis j'en ai eu assez, plus besoin. J'ai continué tout seul longtemps, et me suis arrêté. Donc, est-ce que j'ai des souvenirs à ce niveau-là ?
Oui, je détestais l'école, j'ai fait de longues études, j'avais beaucoup d'amies filles. Les études, c'était facile, ce n'était pas compliqué de se maintenir à 10. Je n'ai pas fait beaucoup d'efforts.
Ma mère s'occupait de ma sœur, je n'aimais pas qu'on me fasse travailler. Je pense que je piquais des crises.
J'ai souvenir de mon père qui a toujours pensé que j'étais plutôt timoré comme gamin. Pour lui j'ai toujours été quelqu'un toujours en retrait, un peu timoré. C'est peut-être ma mémoire.

« Le flou dans lequel je suis par rapport à toutes ces années fait que j'ai du mal, malheureusement. »

J'ai des souvenirs, mais j'ai toujours eu des sensations très étranges par rapport à mes parents. Quelque chose de très flottant, où je n'arrivais pas à me reconnaître là-dedans, je me suis toujours senti vraiment en décalage, comme avec des gens qui essayaient de me plaquer des trucs, moi ça n'allait pas, mais en même temps, je n'ai pas d'explication là-dessus. Une fois de plus, c'est très peu clair.

Après, je me suis permis de faire une étude, durant mes études, sur le comportement de mes parents. Comme je faisais de la psychologie sociale, du coup, j'avais mon sujet de licence qui portait sur une étude comportementale pendant un dîner où on était quatre. J'ai filmé tout ça. Après, j'ai décortiqué le film. Ce qui ressortait de tout ça, c'est que mon père se comportait comme un môme, que ma mère le traitait comme un môme, ce qui est normal puisqu'il se comportait comme un môme, c'est une réaction normale, sauf qu'elle ne supportait pas ça, et bien entendu, lui non plus.

Moi, je pense que tout petit j'ai peut-être ressenti ça de façon bizarre, je ne sais pas, mais quand vous avez un adulte qui, les bras croisés, regarde une casserole déborder et dit : « Ça cuit trop fort les petits pois », effectivement, on peut se demander s'il n'y a pas un léger souci. Donc, voilà, mon étude, c'était ça. Et ça m'a probablement aidé à finir ma psychanalyse, parce que moi, j'ai arrêté après ça, enfin mon autopsychanalyse, je reformule.

Je lui ai demandé, petit, ce qu'il souhaitait devenir :

Non, j'ai toujours eu des goûts très simples, petit, je voulais être bûcheron ou pompier. On m'a expliqué que ce n'était pas possible, donc voilà je ne suis ni bûcheron, ni pompier. Je voulais être archéologue, on m'a expliqué que j'étais trop mauvais en maths, je ne serai pas archéologue. Je faisais un peu ce qu'on me disait.

Francis a eu de nombreux employeurs, il se décrit comme quelqu'un ayant toujours été dans le conflit devant toute autorité :

J'ai eu des employeurs pendant longtemps avec lesquels ça s'est très bien passé. En règle générale, ça se passe bien avec les gens avec lesquels j'entretiens des relations professionnelles ou amicales. Si ça se passe mal, je dirais que c'est assez peu de mon fait, au départ.

Cela dit, j'ai toujours été quelqu'un qui était plutôt dans le conflit. En tout cas, pendant longtemps, j'ai été en conflit. C'est pour cela, entre autres, que j'ai arrêté mes études. J'étais en conflit avec absolument quasiment tous mes profs. Ça toujours ! Avec mes parents, toujours. J'ai toujours été en conflit avec les gens qui représentaient l'autorité : mes parents, toujours, avec la justice, plus ou moins… des petites choses, très peu, très peu, des toutes petites choses. J'ai un peu piqué dans des magasins, et je me suis fait prendre parfois : ça m'a suffi. Non, j'ai pas mal piqué, plus pour le sport que pour autre chose. Une fois je me suis fait ramasser, je n'ai pas aimé.

Par rapport à sa position d'enfant d'enfants cachés, Francis n'a pas semblé souhaiter approfondir la question :

On ne m'en a pas parlé, en tout cas, je n'en ai pas de souvenirs. Je ne pense pas qu'on en ait parlé. J'ai très peu parlé avec ma mère, avec mon père également. Je vais être vraiment honnête : je n'ai pas la sensation de les connaître en profondeur. Je les ai vus fonctionner longtemps. En même temps, je n'ai jamais cherché à analyser ce qui pouvait venir de là ou d'autre chose. Ça ne m'a jamais intéressé, ça ne m'intéresse toujours pas. Je sais qu'ils ont eu une histoire. Mais voilà, tout le monde a une histoire, mais comme disait l'humoriste, « Le problème des juifs, c'est qu'ils ont toujours eu trop d'histoire et pas assez de géographie ». Je suis assez d'accord avec ça.

J'ai souligné alors que, comme sa sœur Coralie (fiancée à un homme catholique), Francis, de même, avait épousé une femme catholique.

Ah non mais juif, ça n'a aucun rapport, simplement, il faut en rencontrer ! Et moi, je n'ai jamais été, là-dessus on a probablement les mêmes expériences, ma sœur et moi, et pour deux raisons : mes parents ne sont pas religieux pour deux sous. D'autre part, nous avons toujours vécu à Paris. J'étais dans une école normale publique (…) ma mère m'a retiré de là et m'a mis dans une école privée, à majorité catholique. Mes parents n'étant pas religieux, je pense qu'une école privée juive ça ne leur a même pas traversé l'esprit. Du coup, on était dans un milieu oui, catholique, protestant, mais clairement pas juif. Ni ma sœur, ni moi.

L'autre chose, on va dire c'est que les juifs, ils sont restés, enfin, c'est ma vision, mais quand je vois mes cousins qui eux ont été dans une école privée juive, ont été mariés avec des juifs, il y a ce côté « ghetto » si vous voulez. Enfin, tous les juifs vous diront que ce n'est pas vrai.
Je me suis toujours intellectuellement mis en danger, c'est-à-dire que je n'ai jamais pris pour acquis quelque chose qu'on me disait.

Et Francis s'est mis à me décrire sa vive appétence à s'opposer à son environnement, jusqu'à aller à la rencontre de situations périlleuses :

Toujours. J'ai toujours remis les choses en cause, en question. Quand j'étais en fac, on disait que les gens qui avaient des problèmes avec eux-mêmes faisaient des études de psycho, et ceux qui en avaient avec la société faisaient socio : j'ai fait les deux.

Mais oui, intellectuellement je n'ai jamais pu accepter ce que mes parents pouvaient me dire. Alors si, sûrement, un moment donné, un enfant accepte, et puis au bout d'un moment, je n'ai pas été d'accord avec leur façon de réfléchir, leur façon d'envisager la vie, leur façon de vivre. Je n'ai jamais voulu rentrer dans leur jeu. A partir du moment où ça a été conscient chez moi, ça a été très maîtrisé. Oui, parfois j'ai volé dans les magasins, je suis parti seul dans la jungle d'Amazonie, me suis fait braquer sur une route, oui j'ai pris des risques physiques mais n'ai pas fait gaffe. Côté risque physique, ce n'était peut-être pas très conscient sur le moment, c'était plutôt côté reportage si vous voulez, mais à la limite, quand on est allongé par terre avec quelques-uns qui ont des machettes et des fusils d'assaut, ce n'est peut-être pas le bon moment pour demander si on peut faire des photos !
Oui, je disais drogue douce, oui mais pas de façon importante, sans en avoir vraiment besoin. Quand j'étais ado, oui, j'ai pas mal fumé, occasionnellement de la cocaïne. Après j'ai pris d'autres substances, au Pérou, et du San-Pedro. C'était plus côté expérience.

Francis revient à des souvenirs conflictuels familiaux :

Je disais que je ne crois pas qu'un enfant soit malheureux. Je crois qu'on m'a toujours dit que j'étais quelqu'un de négatif, mon père m'a toujours répété : « tu es négatif, tu es négatif ». Voilà, j'étais velléitaire ! Tout ça parce qu'à l'école je ne travaillais pas. En même temps, j'ai un souvenir assez prégnant. C'est bizarre. Ça fait vraiment partie des petits trucs : il m'avait promis de l'argent (on n'achète pas les enfants, ça ne se fait pas). J'ai eu les bonnes notes, je n'ai pas eu l'argent : ça m'a calmé ! Cela dit, si vous leur en parlez, ils ne s'en souviendront pas, parce que c'est le genre de choses qu'ils ont totalement refoulé, forcément. Parce qu'en plus : « ce n'est pas leur genre, ils n'auraient jamais promis une chose pareille ! » Ça doit être mon fantasme, je suppose. Forcément, je me suis inventé ce genre de pensée. C'est tellement normal pour un môme de dix ans d'avoir ce genre de souvenir !
Je l'ai forcément inventé.

Il ne souhaite pas porter l'histoire traumatique de ses parents :

Effectivement, mes parents ont projeté leurs angoisses, leurs peurs, leurs tensions, et tout ce que vous voulez, et il m'a fallu, enfin, si moi j'ai bossé sur moi pendant si longtemps, enfin c'est pour me débarrasser de ça. Alors après, quand je vous dis que les casseroles de mes parents, ce n'est pas que je m'en fous, mais c'est les leurs. Enfin, ils se débrouillent avec. Et je n'ai pas envie de savoir. Enfin j'en sais largement assez. Chacun son travail.

Moi, j'ai bossé, je suis quelqu'un effectivement d'heureux, je vais bien, je suis comme tout le monde, il y a des périodes où c'est dur mais en même temps, pour parler très crûment : « ils me gonflent et j'en ai plein le dos ».

Ce n'est pas leur faute. Je ne peux pas leur en vouloir, seulement de ne pas avoir fait leur travail d'adulte, c'est-à-dire de décider de prendre conscience, de se prendre en main, et réfléchir là-dessus. En même temps, ce n'était pas dans les mœurs, en plus, de leur génération. Ça ne se faisait pas.
Ils ont bossé très tôt, ils se sont pris en main, ils n'avaient pas d'aide.

Je pense que la psychanalyse, le travail sur soi, c'est quelque chose qui vient avec le confort matériel. Je veux dire, d'abord on pense à manger, avant de penser à penser.

Francis, comme l'avait souhaité aussi Jessica, aimerait que ses parents puissent essayer de se tourner vers un avenir moins pesant.

Simplement ça me rend triste, et d'autant plus triste qu'eux, à l'heure actuelle, où eux, ils pourraient très bien le faire : il n'y a pas d'âge. Mais voilà, ils sont habitués au malheur. Ce qui est ridicule, parce qu'il leur reste des bonnes années et franchement, ça irait mieux si c'était moins pesant pour eux.

Il a pu changer sa propre vision du monde et de lui-même :

Moi ça va bien ! Il m'a fallu du temps. Je me suis rendu compte que non, j'étais quelqu'un de profondément heureux et positif ! C'est quand même hallucinant pour quelqu'un qui était persuadé, pendant des années, que tout allait mal, que tout était noir, etc. Pendant beaucoup trop longtemps, j'ai été comme ça, jusqu'à facilement seize ou dix-sept ans.

Conscient de l'empiètement et du poids de l'histoire sur son développement face auxquels il éprouve des sentiments ambigus, Francis a pu, cependant, faire le choix de se diriger vers le bonheur.

Enfin, je reste persuadé que ma vie aurait été totalement différente si je n'avais pas eu à supporter ça. Enfin, c'est comme ça ! Je vous disais que chacun trimballe ses trucs et que ce n'est pas parce que l'on a des parents aimants, voire étouffants, du confort matériel, que c'est forcément plus facile que lorsque l'on a été planqué, parce que c'était la guerre.

Je pense qu'être planqué pendant la guerre chez des gens qui sont psychologiquement stables, c'est peut-être plus facile que de n'être pas planqué, avec pas de guerre, et des gens psychologiquement instables.

Donc non, moi je vais bien, et je vis avec quelqu'un de positif et qui va bien aussi, et qui a bossé sur elle, aussi. Elle a fait une psychanalyse, a vu un psychothérapeute, ça lui a bien servi, aussi.
Autant je peux très bien vivre avec quelqu'un qui n'est pas juif, autant j'aurais eu des difficultés à vivre avec quelqu'un qui n'aurait pas réglé ses problèmes, je pense que j'aurais beaucoup de difficultés. Quand on est au quotidien avec des gens qui n'ont pas réglé leurs problèmes, ils sont souvent plus tristes et plus pesants, et ce côté triste et pesant, j'en ai fréquenté énormément ! Parce qu' en fac on en trouve beaucoup, plus qu'en école de commerce. Ma femme a fait des études de communication. Et je me suis aperçu à fréquenter ses amis qu'ils ne présentaient pas du tout ce genre de symptôme, ce côté « pas positif ».
A l'heure actuelle, je ne fréquente que des gens positifs. C'est à la fois agréable, reposant, ça fait tellement de bien !
J'ai un côté inquiet, mais ça ne m'empêche pas de vivre.

Informant Francis de mon hypothèse de travail : « Existe-t-il ou non une traumatophilie[48] chez les enfants d'enfants cachés, à savoir une appétence à se diriger vers des éléments négatifs, (conduites d'échec, situations toxiques, traumatismes), et demandant l'avis de Francis, il m'a répondu :

Je pense qu'effectivement ce n'est pas faux parce qu'il y a, chez moi typiquement ce que je vous ai dit sur la fin de mes études à savoir « me crasher moi-même ».

---

48 *La traumatophilie* est une forme de répétition d'éléments peu agréables. Ce terme peut être défini comme une tendance à remettre en actes les traumatismes passés, dans le but de s'affilier et s'inscrire dans son groupe d'appartenance. A son insu, le sujet se dirige vers des choix pouvant aller à l'encontre de son propre désir. Le sujet reste, en conséquence, candidat à un traumatisme potentiel, ayant tendance à aller à la rencontre de situations périlleuses, des conduites d'échecs, impliquant un danger pour son équilibre psychique et pulsionnel, compromettant alors sa vie affective et/ou sa vie sociale.

Ça me paraît assez typique de ce que vous venez de dire. Je n'aurais pas dû arrêter, j'ai arrêté, j'ai commencé beaucoup de choses que j'ai arrêtées, pas aller jusqu'au bout, pas me donner les moyens, pas aller assez à fond sur les choses. Et il y a un manque de confiance que j'ai du mal à dépasser. Je ne me suis pas forcément donné tous les moyens.

A une époque, j'ai eu des relations toxiques, des relations interpersonnelles toxiques : fréquenter des gens que je n'aurais jamais dû fréquenter parce qu'ils vous tirent vers le bas, parce que ce sont de mauvais exemples, des problèmes en perspective, parce que surtout ça mène nulle part ! Les filles particulièrement. C'était systématique des filles à problèmes : je me suis collé un nombre de filles à problèmes incroyable ! Tout le monde en rencontre quelques-unes, mais moi, je les ai collectionnées, littéralement.
Oui, c'est un fond de masochisme.
Si c'était de l'inconscient, ce serait plus grave.

On a tendance à penser le pire tout de suite. On a tendance à se dire : « Oh de toute façon, ça ne va pas marcher : que je fasse ça ou rien, c'est pareil ». Et alors, ça par contre, ça me poursuit encore. Je suis sérieux. C'est très dur de se dire : « Je vais y arriver ». Dire : « Je fais une expo », c'est difficile, on se met quand-même devant des gens, devant un jugement. Maintenant, je le fais aussi peut-être pour lutter contre tout ça. Je ne sais pas. Mais non, je le fais aussi parce que j'aime ça. Mais cela dit, on est toujours là, à se dire : « Ça ne marchera pas, ça ne marchera jamais ! » Les gens, ils n'achètent pas, ils ne rappellent pas. En même temps, ça ne sert à rien. J'ai un fond comme ça, clairement. J'ai beaucoup de mal à m'en débarrasser, même en en ayant conscience, et en bossant là-dessus.

Oui, je suis assez d'accord, je pense que c'est plus ou moins prononcé. C'est surtout le moment où l'on se dit : « J'ai envie de faire ça », on a toujours un truc qui nous retient en arrière, et puis c'est pire que ça, quand ça rate, on l'avait prévu : « Je le savais ». Ce côté vous voyez : « Voilà ! Je le savais ».

Quelqu'un qui va bien, il essaie, ça marche plus ou moins bien. Mais généralement il est content quand ça marche, et quand ça ne marche pas, il réessaie. Et là, on a tendance à se dire, mais ça c'est aussi très juif, ce côté fatalité. Ah oui, ce côté fatalité, dans ma perception en tout cas, c'est très juif. Le côté fataliste : « Je ne peux rien faire ». Je veux dire, s'ils se sont fait exterminer, ils ne pouvaient rien faire, qu'est-ce que c'est ? Enfin, ils n'ont rien fait, mais pas qu'ils ne pouvaient rien faire. Il y a des gens qui l'ont fait, et d'autres qui ne l'ont pas fait.

J'ai toujours cet exemple de mon grand-père maternel, je suis désolé, ça devait être quelqu'un d'extrêmement positif, d'extrêmement courageux. Il s'est fait embarquer, oui, mais en même temps, il s'est barré. On pouvait prendre des risques. Il a vécu comme ça, et je pense qu'effectivement c'est censé construire des enfants beaucoup plus solides.
Il y a chez ma mère ce côté négatif qui a été développé chez elle :
« Je suis une femme, j'ai des responsabilités, c'est moi qui dois… »
Il y a une partie juive qui me semble plus importante que la partie « enfant cachée ».

Côté identité juive donc culturelle ?

Oui, je pense qu'il y a ce côté identitaire qui pèse d'un poids très important, très important, plus important que le fait d'avoir été caché parce que ça se voit. Pour moi c'est davantage dû à ce background juif, qu'à ce côté caché.

Donc pour vous la problématique vient du fait d'être juif ?

Oui, ça a été compliqué pour mes parents, et ça l'est toujours pour ma mère. Pour moi, non ça n'a jamais été quelque chose de prégnant, je l'ai toujours su, j'ai toujours été élevé parmi les catholiques, et ça m'a servi. Les cours de… Je ne sais plus comment ça s'appelle : « catéchisme », oui, où je disais que moi j'étais juif, et que je ne voulais pas y aller. En même temps, ce n'est pas quelque chose qui ne m'a posé soucis, ni dont je suis spécialement fier. J'ai fait ma bar-mitsva parce que j'étais persuadé, à juste titre, que ça ferait plaisir à mon grand-père. J'ai eu un lien très fort avec mon grand-père.

Mes parents étaient peut-être des enfants cachés. Mais je n'en sais rien : on n'en a jamais parlé ! Mon père n'a pas été déporté : son père l'a été, il est mort en camps. Je n'en sais pas beaucoup plus que ça. Pour mon père et son frère, je mettrais ma main à couper qu'ils ont été cachés quand-même. Sa mère a un nom qui ne prête pas à confusion, a priori.

A ma question : « Vos deux parents ont été des enfants cachés ? », voici la réponse de Francis :

Je suppose, je n'en sais rien. A mon avis oui. Je pense qu'ils ont été à la campagne tous les deux. Vous savez, ils n'en ont pas parlé. Moi je n'ai pas eu la curiosité d'en parler. Bon, ça fait partie de l'héritage familial mais pour moi, ça fait partie des côtés casseroles dont je n'ai pas envie de me charger. Parce que j'estime qu'à un moment donné, on peut vivre en en ayant cons-

cience, mais sans forcément avec l'envie de savoir de quoi elles sont faites. Maintenant, c'est aussi ma démarche, je me suis débarrassé de beaucoup de choses entre quinze et vingt-cinq ans : la méditation, ça a été tous les jours, la réflexion sur moi, ça a été tous les jours, le travail sur moi, ça a été tous les jours. Ça m'a aidé, bien entendu.

Francis m'informe à quel point l'histoire de sa famille a pu peser sur lui par une forme de retentissement : une attitude que l'on peut qualifier d'autoagressive :

Mais enfin, j'ai quand même fait trois tentatives de suicide ! Oui, mais des petites, pas des grosses, mais enfin, mes parents ne savent pas ! Ça a été entre moi-même et moi-même (beaucoup d'aspirine la première fois, j'ai beaucoup saigné du nez). Mes parents n'ont jamais été au courant, j'ai profité de faire ça le week-end, quand ils étaient en vacances. J'ai vécu ma vie très tôt, enfin ne serait-ce que dans ma tête, quand je ne pouvais pas faire autrement, et physiquement après. Et la troisième fois, j'avais acheté un pistolet d'alarme : il faut faire les choses sérieusement. Mais, j'ai, à la fois, fait et pas fait. J'ai fait un test, et en appuyant… mais me suis aperçu que c'était un très mauvais plan, je me suis dit : « Tu arrêtes ça tout de suite ». Donc j'ai arrêté. Je devais avoir seize ans.
La méditation m'a beaucoup aidé, ça a guéri beaucoup de choses.

J'ai beaucoup vécu dans le futur, et beaucoup dans le passé. A force de travail, j'ai quand même fini par vivre dans le présent. Je vais avoir trente-sept ans à la fin de l'année. Oui, le présent c'est important. Et probablement, c'est quelque chose que mes parents ne m'ont pas appris parce que je pense qu'ils en sont incapables ! Et ça quand vous parlez d'enfants cachés, c'est lié à ça, pas au fait d'être juifs. J'ai l'impression que mes parents ont toujours vécu en décalage, alors d'où peut-être cette sensation bizarre que moi j'ai toujours eue quand j'étais petit. Parce que quand on est petit, on est quand même censé être dans le présent. Mes parents ont toujours été décalés par rapport au présent. C'est peut-être lié à cela. Vivre dans la peur, ça doit vous obliger à vivre sur « demain demain » ou « hier hier », c'est possible.

Ceci dit, je ne mettrais pas ça à leur charge.
J'estime que probablement un des facteurs du passage à l'âge adulte est de se détacher de ses casseroles. Non, mais c'est une hypothèse qui me semble intéressante. Cela dit, ça me donne vraiment envie de lire votre travail.

Sortir de l'écho du silence

« Quand on a connu une situation extrême, quand on a été chassé de la normalité, plusieurs stratégies sont possibles. Quand le fracas a été trop grand, il arrive qu'on éprouve un étrange soulagement à se laisser aller vers la mort. Mais quand la blessure ne nous a pas totalement détruits et que les ressources internes imprégnées au cours de nos attachements précoces nous donnent encore la force de nous raccrocher aux autres, la réintégration dans la normalité dépend alors de l'alentour affectif, social et culturel »[49].

L'Histoire, qu'elle soit familiale ou l'Histoire tout court, peut se répéter et se transmettre sous une forme ou une autre si l'on n'y prend pas garde, si le monde social fait taire les victimes parce que ces dernières pourraient être susceptibles de contribuer à déranger l'ordre établi, enfin si ces dernières ne racontent pas, lorsque ce moment devient possible, leur vécu terrifiant afin de le faire connaître.

Récits individuels et recueils de témoignages en sont une forme qui permet de remodeler, redonner vigueur au ressort invisible détruit ou seulement mis en sommeil par les actions de poignées de bourreaux sur des victimes. Le but de ce recueil est tout compte fait ce simple constat.

Le travail individuel sur la mémoire collective est une issue de secours possible du rapport au monde inhumain traversé, une voie nouvellement empruntée après des années de cicatrisation, face à la voix qui n'a pu s'exprimer pendant le traumatisme induit par un tiers destructeur. Le passé mis en mots devient alors plus palpable, convocable en mémoire, ou non. La parole des descendants de survivants peut alors avoir une fonction libératrice sur un plan individuel. Elle ouvre enfin la voie sur la nécessité d'une prise de conscience collective, chaque traumatisme individuel et familial s'inscrivant et se groupant, en définitive, dans une dimension humaine collective.

---

[49] Boris Cyrulnik (2003) *Le murmure des fantômes*. Editions Odile Jacob.

Table des matières

Table des matières

Bibliographie

Livres

- ABRAHAM K, (1907). *Les traumatismes sexuels comme forme d'activité sexuelle infantile.* O.C. t.1 Payot Sciences de l'Homme 1977.
- ABRAHAM N, TOROK M.(1987). *L'écorce et le noyau.* Paris Aubier-Flammarion.
- ALTOUNIAN J. (2000). *La survivance.* Paris Dunod.
- AMERY J. (1966). *Par-delà le crime et le châtiment. Essai pour surmonter l'insurmontable*, Arles, Acte Sud, 1995, p 52.
- BAILLY D. (2006) *Enfants cachés Analyses et Débats.* L'Harmattan.
- BAILLY D. (2004) *Traqués, cachés, vivants, des enfants juifs en France 1940-1945.* ouvrage collectif, l' Harmattan.
- BERTRAND, M. (1997). *Les traumatismes psychiques, pensée, mémoire, trace. Les traumatismes dans le psychisme et la culture,* Paris Erès pp.37-46.
- BOSZORMENYI-NAGY I., FRAMO J. (1965). *Intensive family therapy.* (trad français par G. Blumen, Psychothérapies familiales 1980, Paris, PUF.
- BOSZORMENYI-NAGY I., SPARK G. (1973). *Invisible loyalties: reciprocity in intergenerational family therapy*, New York: Brunner Mazel.
- BOWLBY J. (1973*). Separation, attachment and loss*, New York: Basic Books.
- CICCONE A. (1999*). La transmission psychique inconsciente. Identification projective et fantasme de transmission.* Paris Dunod.
- CYRULNIK B. (2003*). Le murmure des fantômes,* Odile Jacob.
- CYRULNIK B. (2008). *Autobiographie d'un épouvantail,* Odile Jacob.
- CYRULNIK B. (2010). *Je me souviens*, Poches Odile Jacob.
- CYRULNIK B. (2011). *Mourir de dire la honte*, Odile Jacob.
- DEVEREUX G. (1970), *Essai d'ethnopsychiatrie générale,* Paris Gallimard 1983.
- DEVEREUX G. (1972), *Ethnopsychanalyse, complémentarisme,* Paris Flammarion 1985.
- EPSTEIN H. (2004). *Le traumatisme en héritage.* Editions La cause des livres.
- FAIMBERG, H. (1993*).* « Le télescopage des générations à propos de la généalogie de certaines identifications » in R. KAES et al.

Transmission de la vie psychique entre générations pp. 59-81, Paris Dunod.

- FAIMBERG, H. (1993). « A l'écoute du télescopage des générations » : pertinence psychanalytique du concept. in R. KAES et al. *Transmission de la vie psychique entre générations*, pp. 113-129. Paris Dunod.
- FELDMAN, M. (2009*). Entre trauma et protection : quel devenir pour les enfants juifs cachés en France 1940 - 1944 ?* éd. Erès.
- FERENCZI, S., (1916). *Deux types de névroses de guerre,* O.C. t. II Psychanalyse 2. (1927-1933) Paris, Payot. pp. 236-252.
- FERENCZI, S. (1919). « *Psychanalyse des névroses de guerre »* O.C. III, psychanalyse 3. Payot
- FERENCZI, S. (1934). *Réflexions sur le traumatisme,* O.C. t. IV, pp. 139-147 Paris Payot.
- FERENCZI, S (1952). *First contributions to psychoanalysis,* Hogarth Press, Londres, 40-43.
- FREUD, S. (1912-1913). *Totem et tabou,* Payot
- FREUD, S. (1914). « Pour introduire le narcissisme » in la *Vie sexuelle,* op.cit. pp.81-105.
- FREUD, S. (1915). « Pulsions et Destin des pulsions », OCPF pp. XIII. P. 163-188
- FREUD, S. (1917). « Deuil et mélancolie », *In métapsychologie,* pp. 145-171, Gallimard 1981.
- FREUD (1919). « Introduction à la psychanalyse des névroses de guerre *», in Résultats, idées, problèmes,* pp. 243-247.
- FREUD, S. (1920). « Rapport d'expert sur le traitement électrique des névrosés de guerre *». in Résultats, idées, problèmes,* Paris puf, 1984 pp 249-253.
- FREUD, S. (1920). « Au-delà du principe de plaisir », *Essai de psychanalyse,* Paris Payot 1981.
- FREUD, S. (1922). « Sur quelques mécanismes névrotiques dans la jalousie, la paranoïa et l'homosexualité » in *Névrose, psychose et perversion,* pp.271-281.
- FREUD, S. (1923 b) « Le moi et le ça », trad. franç. in *Essais de Psychanalyse op. cit.* pp. 219-275.
- FREUD, S. (1924 c) « Le problème économique du masochisme », *OCF. P, XVII,* pp. 9-23.
- FREUD, S. (1925 h) « La négation », *OCF.P, XVII,* 165-171
- FREUD, S. (1930). « Malaise dans la civilisation » - *Nouvelles conférences d'introduction à la psychanalyse,* 1933a.

- GAMPEL, Y. (2003). « Violence sociale, lien tyrannique et transmission radioactive », *In* Ciccone A. *Psychanalyse du lien tyrannique,* pp. 105-125, Dunod.
- GAUCHET M. (1985*). Le désenchantement du monde,* Paris Gallimard.
- LE GOFF, J.F. (1993*). L'enfant, parent de ses parents. Parentification et thérapie familiale.* L'Harmattan.
- GREEN A. (1983). « la mère morte », pp 222-252 *Narcissisme de vie narcissisme de mort* Paris, Editions de Minuit.
- GUYOTAT J. (1980). *Mort/naissance et filiation,* Paris Masson.
- HAZAN K. (2000*). « les Orphelins de la Shoah, les maisons de l'espoir »* Paris Belles Lettres.
- HAZAN K. et KLARSFELD S. (20008). *Le sauvetage des enfants juifs pendant l'occupation dans les maisons de l'OSE 1938-1945.* OSE et SOMOGY.
- KAES, R (1989). « Ruptures catastrophiques et travail de la mémoire », préface *in Violence d'Etat et psychanalyse*, Paris, Dunod (pp. 6, 12, 28, 36, 86, 111, 112, 127, 144).
- KAES, R.(1993). et al. *Le sujet de l'héritage in Transmission de la vie psychique entre générations.* pp. 1-58. Dunod.
- KAES, R. (2005). *Différence culturelle et souffrance de l'identité.* Dunod.
- KERNBERG, « O. Border-line personality organization ». *Journal Amer, Psycho anal, As., 15.*
- KESTENBERG E. (1999). *L'adolescence à vif* Paris, Puf
- KLARSFIELD S. (1978*). Le mémorial de la déportation des Juifs de France.*
- KLEIN, H. (1973). « Children en the holocaust Mourning and bereavement » *in* Antony and Koupernic (Eds) *the child in his family vol. 2 the impact of disease and death*, pp. 339-401.
- KRISTEVA J. CLEMENT C. (1998). *Le féminin et le sacré,* éd. Stock.
- LAPLANCHE ET PONTALIS (1967*). Vocabulaire de la psychanalyse,* Puf.
- LEBOVICI, S. (1983). *Le nourrisson, sa mère et le psychanalyste . Les interactions précoces* Paris Paidos le Centurion.
- LEBOVICI S. (1961). *Le rôle de la relation objectale chez l'enfant,* Psychiatrie de l'Enfant.
- LEBOVICI S. (1997) *Transmettre la vie*, Erès, collection Mille et un bébés.
- LEVI P. (1987). *Si c'est un homme*, Ed. Julliard.
- LUMBROSO E. (2002). *Actualité du trauma*, Editions Erès.
- MORO M.R. (1994.) *Parents en exil*, Puf.

- MOUCHENIK Y. (2006). *Ce n'est qu'un nom sur une liste, mais c'est mon cimetière.* Collection trauma - La pensée sauvage.
- NATHAN,T. (2001). *Nous ne sommes pas seuls.* Paris, Les empêcheurs de penser en rond.
- OUSS-RYNGAERT L. (2006) « Transmissions des traumatismes psychiques de la mère au bébé », 99-134 in Baubet T, Lachal C. Ouss Ryngaert L, Moro MR, éd. *Bébé et trauma,* La pensée sauvage pp. 99-134.
- PEREC, G. (1967). *Un homme qui dort,* Folio Delanoël.
- RADIO France (2002). *Paroles d'étoiles,* collectif.
- ROHEIM, G (1972). *Origines et fonction de la culture,* Paris, Gallimard.
- RUBINSTEIN, M (2002*). Tout le monde n'a pas la chance d'être orphelin,* Ed. Verticales Gallimard.
- ROUSSILLON, (1991). *Paradoxes et situations limites de la psychanalyse,* Paris : Puf.
- SEARLES H. (1981). *Le contre-transfert.* Paris : Gallimard.
- SICHROVSKY, P. (1985). *Naître coupable, naître victime,* Maren et Sell et Cie, 1987.
- SIRONI, F. (1999). *Bourreaux et Victimes.* O. Jacob.
- SNYDERS, J.C. (2003). *Voyage de l'enfance,* PUF.
- SPUND, M. (2005). *Vaincre les peurs et les phobies,* l'Archipel.
- TISSERON, S. (1990). *Tintin et les secrets de famille,* Paris, Seguier, (réed. Aubier 1992).
- TISSERON, S. (1992). *La honte, psychanalyse d'un lien social,* Paris : Dunod.
- TISSERON, S. (2004). *Le psychisme à l'épreuve des générations.* Dunod.
- VEGH, C. (1979). *Je ne lui ai pas dit au revoir.* Paris Gallimard.
- VITRY, M. (2002). *L'écoute des blessures invisibles.* Paris : l'Harmattan.
- WINNICOTT, DW. (1979). « Le monde à petites doses », *l'Enfant et sa famille,* Paris, Payot.
- WINNICOTT, DW. (1984) *Les enfants de la guerre,* Paris, Petite Bibliothèque Payot.
- ZAJDE, N. (1996). *Souffle sur tes morts et qu'ils vivent.* O. Jacob.
- ZALCBERG, M. (2010). *Qu'est-ce qu'une fille attend de sa mère,* O. Jacob.

Revues

- Aubignat M.L. (2007) « Répercussions psychopathologiques de la Deuxième Guerre mondiale sur la troisième génération » JIDV : *Journal International de Victimologie* n° 14.
- Barocas H, Barocas C. (1973), Manifestations of concentration camp effet of the second generation". *Américain Journal of Psychiatrie* 130. pp 820-821.
- Barocas H, Barocas C. (1980), "Separation individuation conflicts in children of holocaust survivors". *Journal of contemporary psychotherapy*, 11 (1), pp. 6-14.
- Bar-on D.et all. : "Multigenerational perspectives of coping with the Holocaust experience: on the developmental sequelae of trauma across generations", *International Journal of Behavioral Developmental, 1998;* 22: 315-338.
- Bertrand, M. (2002). Psychologie et psychanalyse devant les traumatismes de guerre. *Champ psychosomatique,* 28 pp. 97-112.
- Bourdier P. (1972). L'hyper maturation des enfants de parents malades mentaux. *Revue française de psychanalyse.* 36,1, pp.19-41
- Bourguignon, O. (2000). La question de l'hérédité psychologique morbide de la dégénérescence au transgénérationnelle. *Psychologie française.* 45,1, pp. 59-82.
- Bydlowski (2001) « Le mandat transgénérationnel selon Serge Lebovici » *Spirale* n°17.
- Devereux, G. (1967) La renonciation à l'identité : défense contre l'anéantissement, *Revue Française de Psychanalyse;* 3 (1) : 101-42.
- Drieu D. (2004) « Automutilations, traumatophilie et enjeux transgénérationnels à l'adolescence ». *Adolescence,* 22, 2, 311-323.
- Eiguer A. (1991). « L'identification à l'objet transgénérationnel » le *Journal de la Psychanalyse de l'enfant,* 10, pp. 93-108.
- Faimberg, H. (1988). « A l'écoute du télescopage des générations : Pertinence psychanalytique du concept » *Topique,* 42, pp. 223-238.
- Feldman, M. (2003). « Enfants juifs cachés (1940-1944) – Quelle aide psychologique leur apporter aujourd'hui ? ». *Revue Francophone du stress et du trauma* ; 3 (2) : 111-8.
- Feldman, M. (2006). « Survie et destin psychique des enfants juifs cachés en France pendant la deuxième guerre mondiale », *L'Autre revue transculturelle* 7, n° 1 La pensée sauvage.
- Fresco, N. (1981). « La diaspora des cendres », *Nouvelle Revue de Psychanalyse,* L'emprise n° 24 pp.205-220.

- Frye J.S., (1982) Stockton R.A.: « Discrimination analysis on PTSD among a group of Vietnam veterans », *American Journal of Psychiatry;* 139: 52-56.
- Gorgeais, J. (1997). « Victimes et traumatisme psychique ». *Le journal des psychologues,* 144.
- Greenblatt, S. (1978) « The influence of survivor guilt on chronic family crisis ». *Journal of Psychology Judaism,* 2, 19-28;
- Guillaumin, J. (1985) « Besoin de traumatisme à l'adolescence ». *Adolescence* III, 1, pp.127-138.
- Jones R.A., Welles M. (1996). « An Empirical study of parentification and personality ». *Américan Journal of Family therapy* 24, pp.145-152.
- Hazan K. (2004) « Récupérer les enfants cachés un impératif de l'œuvre juive de l'après-guerre » *Archives juives* 37.2 p 16-31.
- Jurkovic G., Jessee H., Goglia L. (1991). Treatment of parental children and their families: conceptual and technical issues. *American Journal of Family therapy.* 19, pp.302-314.
- Kestemberg, J. (1980). « Psychoanalysis of children of survivors from the nazi persecution: the continuing struggle of survivors parents *Victimologie,* 2 (2-4), pp. 368-374.
- Keilson H. et all (1982): « Sequential traumatization in children », *Magnes Jerusalem.*
- Kestemberg, J. (1983). « Psychoanalysis of children of survivors of the holocaust: case presentation and assessment », *Journal of the American psychoanalytic association,* 28 pp. 775-804.
- Krell R.: « Child survivors of the Holocaust: strategies of adaptation »,*Canadian Journal of Psychiatry,* 1993; 38: 384-389.
- Lebigot, F. (1997). « Traumatisme psychique et originaire freudien », *Le journal des psychologues* 144. pp.24-26.
- Lebigot, F. (2004). « Le traumatisme psychique », *Stress et trauma* 4 (1) : pp. 5-11.

Moro M.R. (1988). « D'où viennent ces enfants si étranges ? », *Nouvelle Revue d'Ethnopsychiatrie,* n° 12, pp. 69-84.

- Moro M.R. (2001) Serge Lebovici « Faire pour lui, faire à côté de lui », *Spirale n° 17.*
- Mouchenik Y. (2002). « Réflexion sur l'identité chez l'adolescent juif », *Champ psychosomatique* 1 n° 25, p. 119-128.
- Nathan T. (1986) « Trauma et mémoire », *Nouvelle revue d'ethnopsychiatrie 4.*
- Nathan T. (1987) « La fonction psychique du trauma », *Nouvelle revue d'ethnopsychiatrie* 6.

- Nathan T. (1991) « De la fabrication culturelle des enfants. Réflexions ethnopsychanalytiques sur la filiation et l'affiliation ». *Nouvelle revue d'ethnopsychiatrie* 17. pp 13-22.
- Niederland W.G. (1968) « Clinical observations on the « Survivor syndrome » : symposium on psychic traumatization through social catastrophe", *International Journal of Psychoanalysis* ; 49 . 313-315.
- Niederland W. (1981) « The survivor syndrom: Further observations and dimensions ». *Journal of the American psychoanalytic association,* 29, 413-426.
- Prince, R.M. (1985), « Second generation effects in historical trauma » *Psychoanalytic review,*72 (1), pp 9-29.
- Reick M., Eitinger L.,: « Controlled psychodiagnostic studies of survivors of the Holocaust and their children », *Israelian Journal of Psychiatry,* 1983 ; 20 : 312-324.
- Romano H. Baubet T. Rezzoug D. Giraud F. Moro MR. « Le miroir pétrifié ». *L'autre. Cliniques, cultures et sociétés,* 2007, vol 8 n° 3 pp. 431-448.
- Rosenheck R., Nathan P. « Secondary traumatization in the children of Vietnam veterans with posttraumatic stress disorder ». *Hospital and community psychiatry*, 1985; 36: 538-539.
- Roussillon R (1995) « la Métapsychologie des processus et la Transitionnalité», *Revue Française de Psychanalyse,* t. L9 n° spécial, pp. 1349-1519.
- Siegel, LM (1980) « Holocaust survivors in Hassidic and ultra-orthodox jewish populations ». *Journal of contemporary psychotherapy,* vol. 11, (1).
- Simon F., Stierlin H., Wynne L. (1985). « The langage of family therapy ». New York : *Family Process,* 1, 44-62
- Sironi, F. (1997). « Traumatisme intentionnel et psychothérapie ». *Le journal des psychologues, 144.*
- Sironi, F. « Approche ethnopsychiatrique des victimes de torture ». *Nouvelle revue d'ethnopsychiatrie,* 13, pp.67-88.
- Sironi, F. « Une pratique sous influence : la psychothérapie avec les victimes de torture ». *Nouvelle revue d'ethnopsychiatrie,* 22-23, pp. 19-30.
- Sironi, F. (1991), « La question de la transmission du traumatisme chez les victimes de torture *Psychologie française,* 36-4, pp.371-383.
- Sironi, F. (1989), « Approche ethno psychiatrique des victimes de torture ». *Nouvelle Revue d'ethnopsychiatrie*, 13, pp.67-88.
- Sironi, F. (2000), « Les stratégies de déculturation dans les conflits contemporains. Nature et traitement des attaques contre les objets culturels ». *Revue Sud-Nord, revue internationale* ; (12) : 29-46.

- Solomon Z., Kotler M., Midulincer M.: « Combat-related posttraumatic stress disorder among second-generation Holocaust survivors: Preliminary findings ». *American Journal of Psychiatry*, 1988 : 145 : 865-868
- Trossman, B (1968). « Adolescent children of concentration camp survivors ». *Canadian Psychiatric Association Journal,* 13, 121-123.
- Yehuda r. et all (1998): « Phenomenology and psychobiology of the intergenerational response to trauma », in *International handbook of multigenerational legacies of trauma* », edited by Danieli Y., Plenum, New York.

L'HARMATTAN, ITALIA
Via Degli Artisti 15; 10124 Torino

L'HARMATTAN HONGRIE
Könyvesbolt ; Kossuth L. u. 14-16
1053 Budapest

L'HARMATTAN BURKINA FASO
Rue 15.167 Route du Pô Patte d'oie
12 BP 226 Ouagadougou 12
(00226) 76 59 79 86

ESPACE L'HARMATTAN KINSHASA
Faculté des Sciences sociales,
politiques et administratives
BP243, KIN XI
Université de Kinshasa

L'HARMATTAN CONGO
67, av. E. P. Lumumba
Bât. – Congo Pharmacie (Bib. Nat.)
BP2874 Brazzaville
harmattan.congo@yahoo.fr

L'HARMATTAN GUINÉE
Almamya Rue KA 028, en face du restaurant Le Cèdre
OKB agency BP 3470 Conakry
(00224) 60 20 85 08
harmattanguinee@yahoo.fr

L'HARMATTAN CÔTE D'IVOIRE
M. Etien N'dah Ahmon
Résidence Karl / cité des arts
Abidjan-Cocody 03 BP 1588 Abidjan 03
(00225) 05 77 87 31

L'HARMATTAN MAURITANIE
Espace El Kettab du livre francophone
N° 472 avenue du Palais des Congrès
BP 316 Nouakchott
(00222) 63 25 980

L'HARMATTAN CAMEROUN
BP 11486
Face à la SNI, immeuble Don Bosco
Yaoundé
(00237) 99 76 61 66
harmattancam@yahoo.fr

L'HARMATTAN SÉNÉGAL
« Villa Rose », rue de Diourbel X G, Point E
BP 45034 Dakar FANN
(00221) 33 825 98 58 / 77 242 25 08
senharmattan@gmail.com

586963 - Novembre 2014
Achevé d'imprimer par